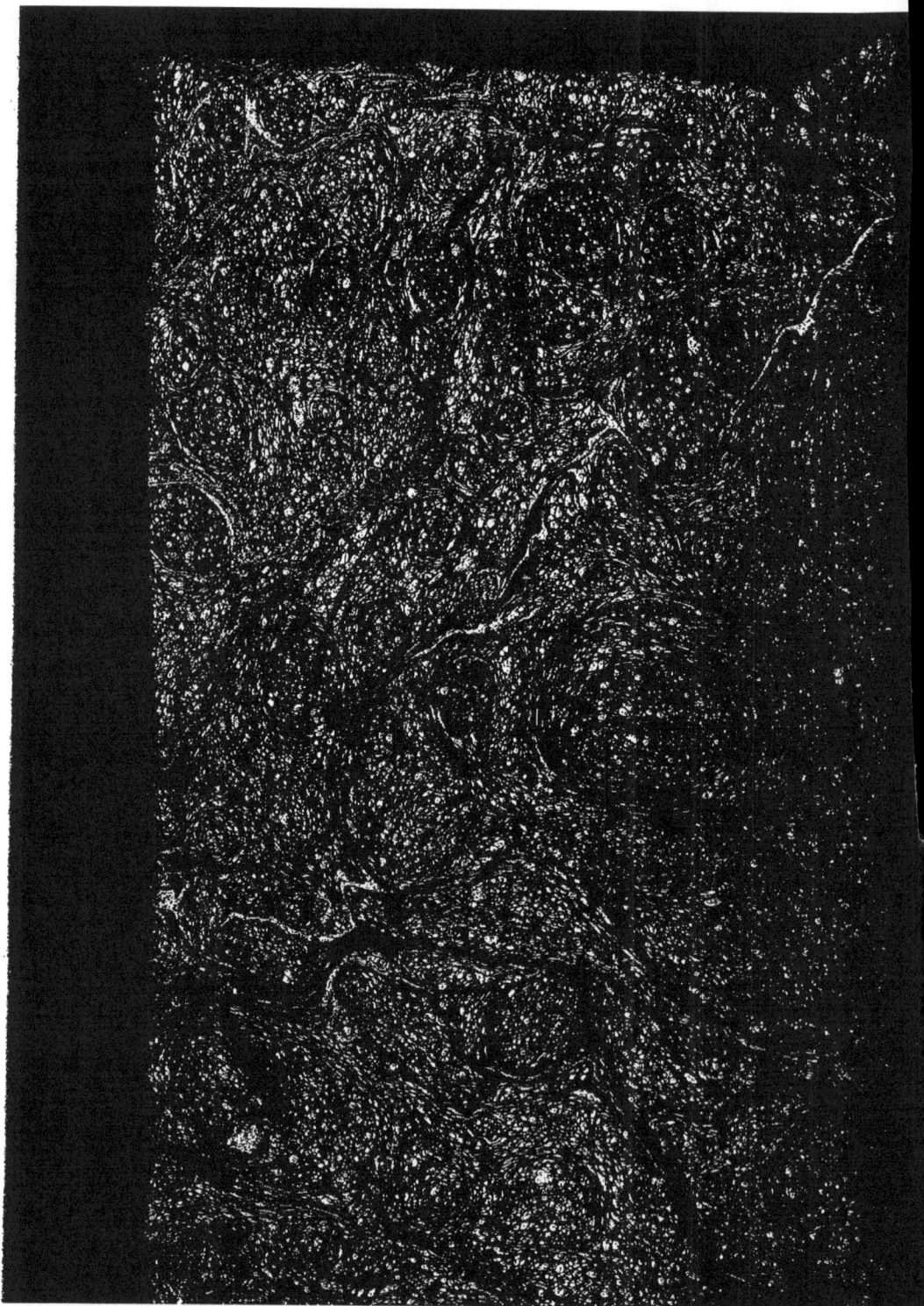

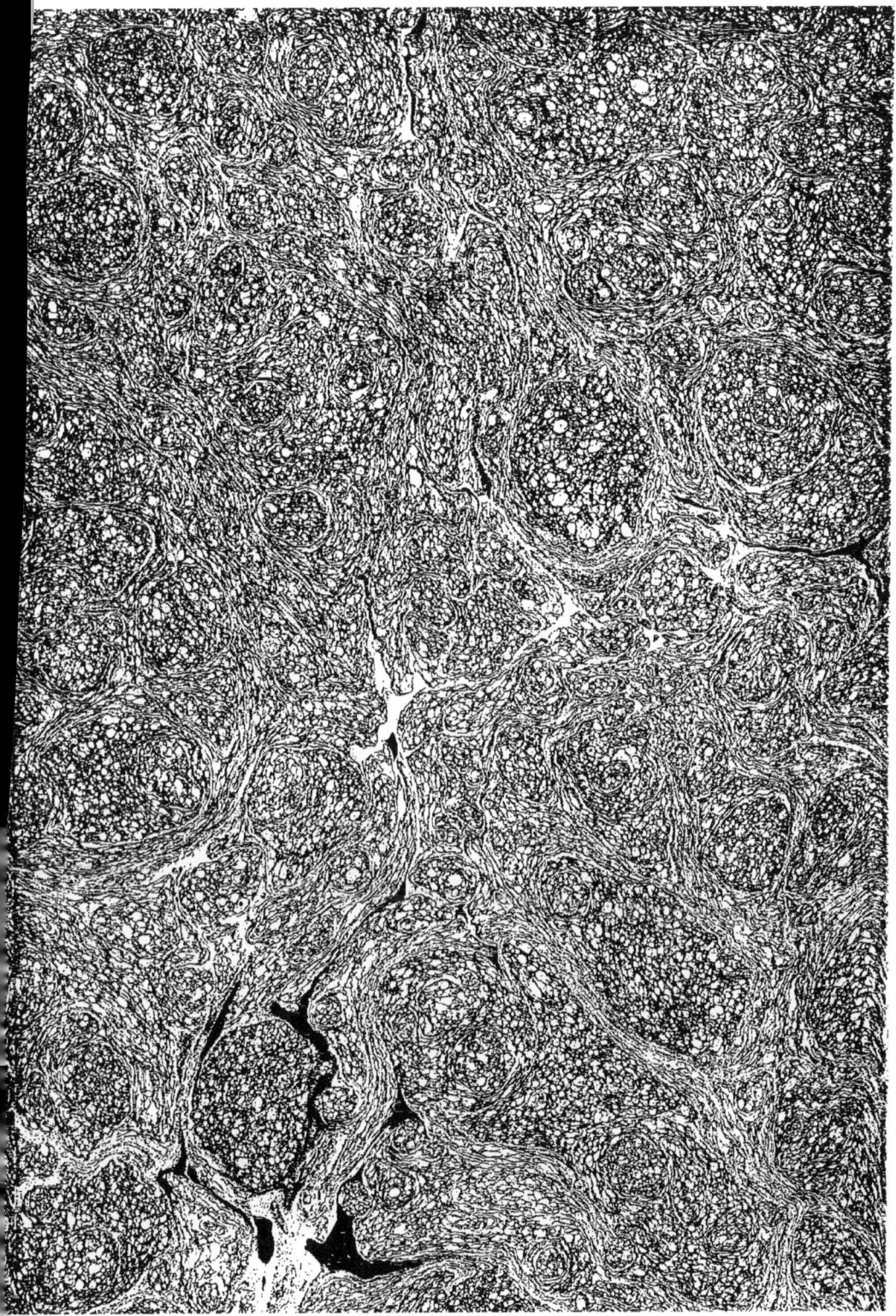

279. ver. 1

H.

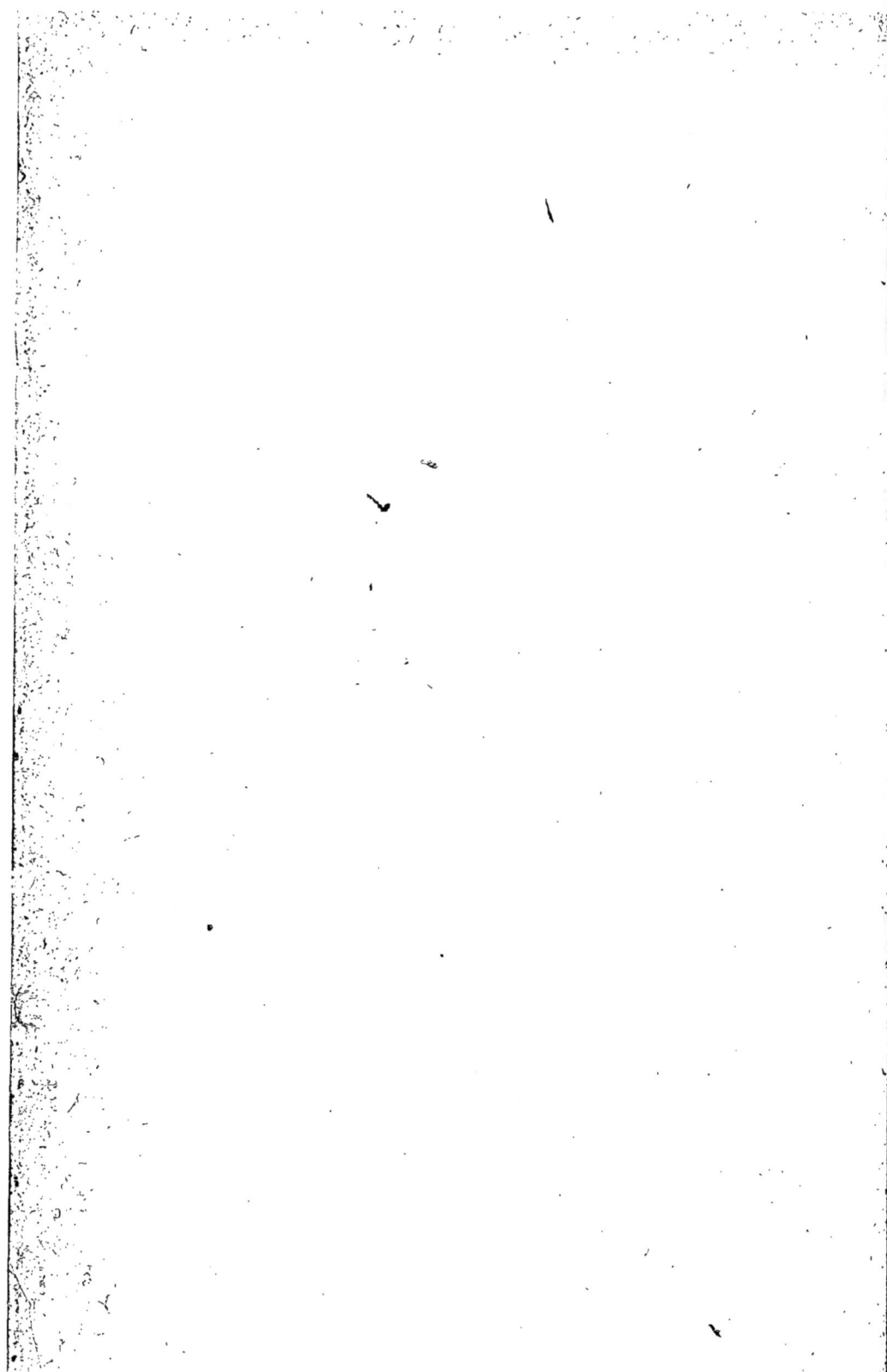

# ÍTINÉRAIRE DESCRIPTIF,

OU

# DESCRIPTION ROUTIÈRE

GÉOGRAPHIQUE, HISTORIQUE ET PITTORESQUE

## DE LA FRANCE ET DE L'ITALIE.

DE L'IMPRIMERIE DE LEFEBVRE,

RUE DE BOURBON, N°. 11.

ROUTES DE PARIS EN ESPAGNE
à partir de Bordeaux

# ITINÉRAIRE DESCRIPTIF,

## OU

# DESCRIPTION ROUTIÈRE

### GÉOGRAPHIQUE, HISTORIQUE ET PITTORESQUE

## DE LA FRANCE ET DE L'ITALIE.

### RÉGION DU SUD.

### ROUTES DE PARIS EN ESPAGNE.

Par VAYSSE DE VILLIERS, Inspecteur des Postes,
Associé correspondant des Académies de Dijon, de Turin,
et du Mans, Membre de celle des Arcades de Rome.

~~~~~~~~~~~~~~~~~~~~~~~~~~~~~~~~~~~~~~~~~~~

Prix : 3 f. 5o c. avec la Carte routière.

~~~~~~~~~~~~~~~~~~~~~~~~~~~~~~~~~~~~~~~~~~~

## A PARIS,

Chez ARTHUS BERTRAND, LIBRAIRE, RUE HAUTEFEUILLE, N°. 23,
ET A LA GRANDE POSTE, BUREAU DES VOYAGEURS.

A BORDEAUX, A BAÏONNE ET A PAU,
AU BUREAU DE LA POSTE AUX LETTRES.

1823.

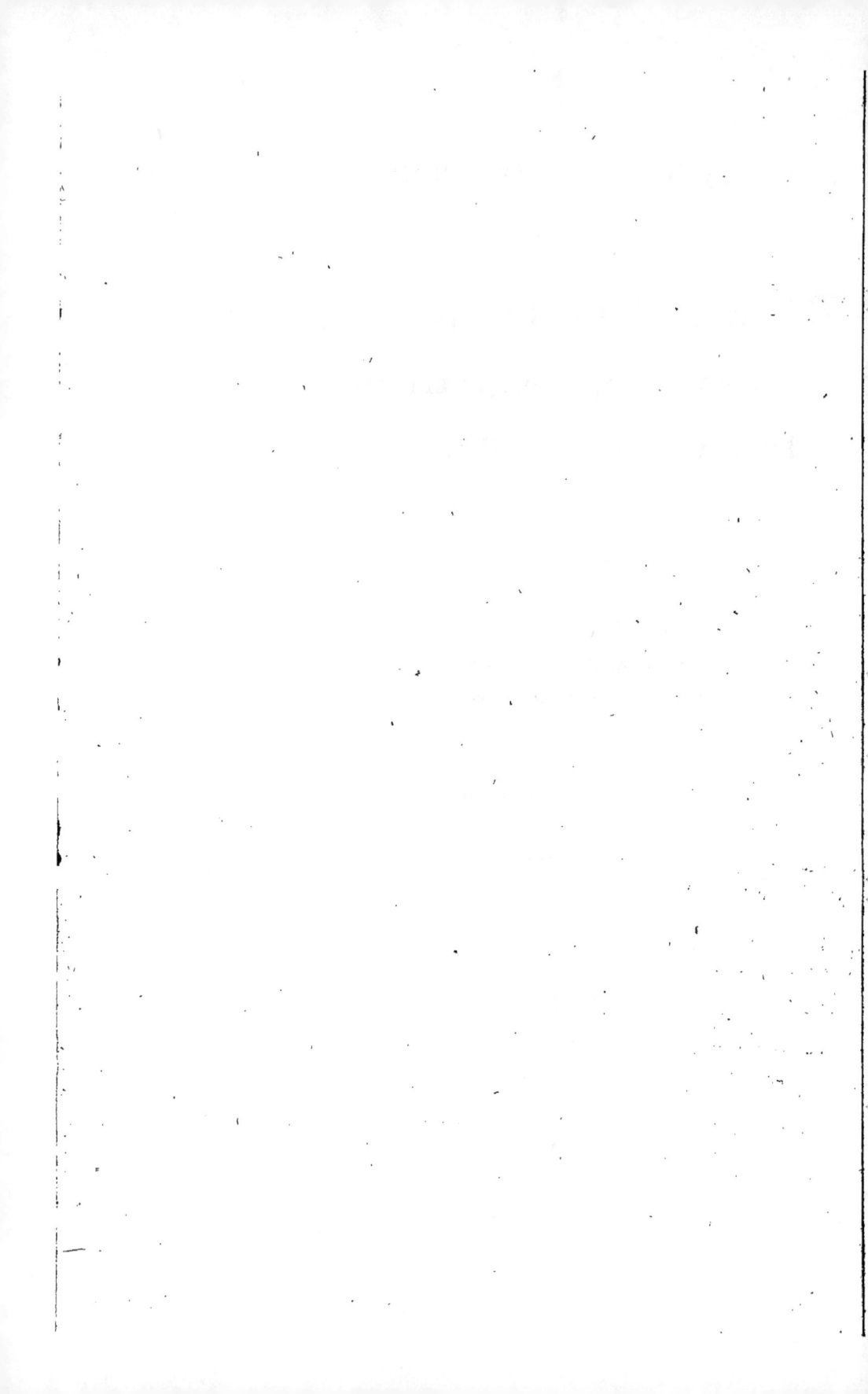

# ITINÉRAIRE DESCRIPTIF,

OU

# DESCRIPTION ROUTIÈRE,

GÉOGRAPHIQUE, HISTORIQUE ET PITTORESQUE

## DE LA FRANCE ET DE L'ITALIE.

‹‹‹‹‹‹‹‹‹‹‹‹‹‹‹‹‹‹‹‹‹‹‹‹‹‹‹‹‹‹‹‹‹‹‹‹‹‹‹‹

### Iʳᵉ. ROUTE DE PARIS EN ESPAGNE,

### Par Bordeaux, les Grandes Landes, Baïonne et Saint-Jean-de-Luz,

JUSQU'A IRUN.

225 lieues.

———————

lieues.

*Depuis Paris jusqu'à Bordeaux (v. 1ʳᵉ. rᵗᵉ. par Poitiers).*
53 Paragraphes . . . . . . . . . . . . . . . 156

( 2ᵉ. route par Limoges, 153 lieues 1/2 ).

QUOIQUE la route directe de Bordeaux à Baïonne, par les grandes Landes, soit à peu près abandonnée, depuis qu'on a transféré, de nos jours, la ligne de poste et le courrier de Baïonne sur la route des petites Landes, cependant comme elle n'a pas cessé d'être la plus courte, après avoir été long-temps la seule exis-

1.

tante, nous avons cru devoir la décrire la première, puisqu'elle l'est réellement, ne fût-ce que par respect pour son ancienneté. C'est une faible consolation offerte aux habitans de la vaste contrée sacrifiée et comme frappée de mort par cette translation. Il nous convenait peut-être de lui décerner ce dernier honneur, à nous qui l'avons fréquemment parcourue, et toujours avec ce sentiment d'intérêt qu'inspire un peuple maltraité par la nature.

Nous la décrirons, en suivant l'ordre des relais, d'après notre usage, comme s'ils existaient toujours, d'autant mieux que ces relais, aussi anciens que l'établissement des postes, n'étaient point sujets aux variations fréquentes qu'éprouvent ceux des autres routes, et qu'ils seraient encore nécessairement les mêmes, si jamais on les rétablissait.

Au sortir du faubourg de St.-Julien, on laisse

à gauche la route de Toulouse, pour prendre à droite celle que nous allons décrire. La première distance offre une plaine de plus en plus sablonneuse, mais non encore frappée de cette attristante stérilité dont nous aurons bientôt le spectacle sous les yeux ; la culture, au contraire, s'y montre partout.

On longe, à gauche, la maison de campagne d'un riche juif de Bordeaux (1), seul agrément qu'offre cette distance aux voyageurs, jusqu'à Gradignan, village de quinze à dix huit cents habitans ; après lequel le pays devient plus sablonneux et tout-à-fait infertile. Les landes prennent la place des champs et des prés ; bientôt elles règnent exclusivement et ne présentent au loin que de vastes surfaces de sables d'un gris cendré, qui ne peuvent recevoir aucune culture, ni admettre d'autre végétation que celle des pins et des maigres bruyères.

Quelques maisons isolées et très-rares, servant de cabarets, bordent la route, à de grands intervalles. Elles sont entourées ordinairement de sables moins arides, qui ont déterminé leur emplacement, et que la charrue, à force d'engrais, est venue à bout de fertiliser. Telle est

_____

(1) M. Rabba.

1*

la petite maison de Bellevue, bâtie exprès pour
la poste, dont les engrais donnaient au propriétaire l'espoir de défricher quelques arpens de
sable autour de son ermitage. Telle j'ai vu
la chétive ferme du Puch, dont le terrain
toutefois était un peu moins stérile : tel j'ai
vu encore le hameau du Barps, composé de
quelques misérables chaumières éparses, ainsi
que la maison isolée de l'Hospitalat, dont le
propriétaire cultivateur jouissait d'une certaine
aisance, au moyen de ses pâturages qui nour-
rissaient des troupeaux de moutons maigres
comme eux, et plus encore de ses bois de pins,
qui lui fournissaient une grande quantité de résine et de bois, tant de charpente que de mâture.

Ces pins sont les seuls produits qui réussissent
parfaitement dans les Landes de Bordeaux : c'est
le *Pinus maritima* de Linnée. Il acquiert ici
une force et une hauteur qu'il ne peut obtenir
dans aucune autre partie de la France. Le sable
infertile des Landes de Bordeaux semble être
sa terre de prédilection ; aussi cet arbre précieux
autant que facile à propager, y forme-t-il d'immenses forêts, qui, dans certaines parties, acquièrent plus d'étendue que les landes mêmes.

Je ne saurais dire où les pins commencent
positivement ; mais il se montrent à peu de dis-

tance de Bordeaux, d'abord assez clairsemés, et se multiplient à mesure qu'on avance. Voilà la véritable ressource, je dirai presque la richesse de cette contrée, et le mot n'est pas trop fort : plus pauvre d'habitans que de produits, elle renferme de très-grands propriétaires ; il suffit de posséder une certaine étendue de forêts. Les parties laissées en landes n'offrent que de mauvais pâturages ; mais ils nourrissent au moins, s'ils ne les engraissent pas, une grande quantité de bêtes à laine. Quelques arpens sont, à force d'engrais, cultivés en seigle et en panis ou petit millet, nommé millade par les habitans ; d'autres enfin sont convertis en prairies.

Ces champs, clairsemés comme la population, suffisent pour l'alimenter. Presque tous les cultivateurs élèvent des abeilles, dont le miel et la cire entrent encore dans leurs objets d'exportation. Les troupeaux, s'ils ne sont ni gras, ni de belle espèce, sont du moins nombreux, et contribuent à porter l'aisance dans le pays, par la vente des laines et des agneaux.

Les bergers qui les gardent, vêtus de leurs dépouilles, et perchés sur de longues échasses, afin de marcher à pied sec dans les marais, sont de véritables curiosités pour les voyageurs. Le premier qui s'est offert à mes regards me pré-

sentait de loin l'apparence d'une bête à laine,
élevée au bout d'un trépied qui aurait été formé
de trois mâts ou pieux enfoncés dans la terre
et réunis par les sommets. En approchant, je vis
la machine en mouvement; l'un des pieds paraissait s'agiter en l'air, pendant que les deux
autres s'avançaient à grands pas vers le troupeau:
alors je reconnus le conducteur qui marchait
sur ses deux échasses, en agitant, pour ranger
ses brebis, un grand bâton qui lui servait,
comme le balancier de nos funambules, à retrouver son équilibre quand il le perdait; rendu
au repos, il s'en faisait un siége, en le fichant
en terre par un bout, et s'asseyant sur l'autre,
largement arrondi à cet effet: c'est ce qui me
présentait la forme d'un trépied. Ainsi appuyé, le
pâtre s'occupe à tricoter un gros bas de laine,
tant pour son usage particulier ou pour ses maîtres, que pour le commerce, auquel les Landes
en livrent une certaine quantité.

Il n'est point de paysan, dans cette contrée,
qui ne sache marcher ainsi; mais ils n'en font
usage que pour se rendre aux foires et marchés.
Ils montent sur leurs échasses comme sur leurs
chevaux, et quoiqu'ils aillent à pas lents, ces
pas sont si allongés qu'ils dépassent à la course
un courrier à franc étrier. Il n'y a pour eux
ni bourbier, ni ornières, ni fossés, ni marais.

Tout en prenant connaissance des produits et des usages les plus remarquables des Landes que nous traversons, nous arrivons à Belliet et peu à près à Belin, les deux principaux lieux de cette partie de la route. Le premier renferme huit cents habitans et le deuxième douze cents (communes comprises.) Ce dernier est le chef-lieu du canton : situé dans un petit vallon qui répand un peu de variété sur la monotonie générale, il renferme une manière de château ou de maison de campagne assez élégante, qu'on s'étonne de trouver dans un pareil pays. Ce château était de mon temps la maison du relais, et la châtelaine la maîtresse de poste. — *Parcouru depuis Paris.* 170 lieues.

§. 60. *De Belin au Muret.* . . . . . . . . . . . . . . 3

Entre ces deux anciens relais, j'ai traversé, d'abord la rivière de Leyre, qui, quoique très-petite, n'est pas d'un trajet facile, à cause de l'escarpement de ses bords, ensuite la limite qui sépare le département de la Gironde de celui des Landes. L'eau de cette rivière est saumâtre, comme toutes celles qu'elle reçoit de côté et d'autre, et qu'elle entraîne lentement avec elle vers la mer, où elle se jette par le bassin d'Arcachon, non loin de la Teste de Buch, petite ville de deux mille habitans, et petit port de cabotage, le plus considérable de cette côte, depuis la tour de Cordouan jusqu'à Baïonne. Cependant c'est au moins une variété qu'une rivière coulant dans un petit vallon, où elle arrose quelques prés, et se dérobe fréquemment sous l'ombrage des arbres divers qui peuplent ses bords.

En franchissant la limite des deux départemens, on ne quitte pas les Landes de Bordeaux, qui se prolongent, sous le même nom, depuis les portes de cette ville jusqu'à celles de Baïonne, ou mieux encore, depuis la rive méridionale de la Garonne jusqu'à la rive septentrionale de l'Adour. On passe seulement des landes laissées au département de la Gironde, dans celles du département auquel elles ont donné leur nom, quoiqu'il n'en renferme pas une beaucoup plus grande quantité que son voisin. Ainsi nous sommes toujours dans les mêmes landes, les mêmes sables, les mêmes forêts de pins, les mêmes déserts. Le Muret est un triste village qui annonce mal le département où nous entrons; en effet les landes, sans changer de nature, y prennent un caractère plus sauvage et plus prononcé, en même temps que plus monotone; tantôt arides et sablonneuses à l'excès, comme on nous peint les sables de l'Afrique; tantôt cou-

vertes de pâles et maigres bruyères, comme les
*steppes* de l'Amérique dont parle le savant
voyageur Humboldt. A cinq lieues vers l'ouest,
on laisse le plus considérable des nombreux lacs
qui bordent la côte des Landes; c'est l'étang de
Sanguinet, réuni à celui de Biscarosse, avec lequel il n'en fait qu'un seul, à proprement parler.
Ce double étang se dégorge, par un courant d'environ deux lieues, dans celui d'Aureillan, qui
s'écoule lui-même dans la mer par un canal
d'une longueur à peu près semblable.

lieues.

*Parcouru depuis Paris.* . . . . . . . . . . . . . 173

On parcourt cette suite de distances dans la
même plaine, sans autre variété que l'alternation
des landes et des forêts de pins qui s'y succèdent.

Lipostey et la Bouhère sont deux villages
peu considérables. Le premier a un bureau de
poste; le second une assez bonne auberge, si
toutefois elle s'est maintenue telle, depuis que
les relais ne contribuent plus à l'alimenter. On

y franchit, sans s'en apercevoir, un ruisseau qui se rend, ainsi que celui, non moins impercep- tible, que nous allons traverser à Belloc, dans l'étang d'Aureillan dont nous venons de parler.

Belloc est une misérable chaumière située au milieu d'une lande, qui, s'étendant à perte de vue de tous les côtés, semble n'avoir d'autre borne que l'horizon et se confondre avec la voûte céleste. Cette chaumière était une bergerie, cette bergerie le relais, et le maître berger le maître de poste.

La Harie est un hameau, où quelques cabanes habitées par des postillons, des bûcherons et des pâtres, entourent la maison bourgeoise et assez élégante de l'ancien maître de poste. C'était un des plus riches propriétaires des Landes ; c'est-à-dire qu'il possédait de vastes *pignadas*, (tel est le nom qu'on donne aux bois de pins dans le pays) de vastes landes et de nombreux trou- peaux, qui lui fournissaient les moyens de défri- cher et emblaver annuellement avec succès la partie la moins infertile de ses sables ; car c'est ainsi qu'il convient de nommer les terres des Landes. On ne trouvait pas en lui un simple cul- tivateur, mais un véritable agriculteur, en même temps qu'un négociant de résine, de bois de mâture, de cire et de laine.

J'y arrivais après avoir parcouru, depuis la
Bouhère, sept lieues de véritable Thébaïde, sans
autre interruption que la cabane où était établi
le relais de Belloc. La nuit close me surprit en
route ; j'avais beau presser mon cheval, il fallut
subir, pendant une grande lieue, toute l'épaisseur des ténèbres qui enveloppaient le désert ;
elles me dérobaient, non la route, (il n'y en a
point, ou plutôt elle est partout, dans la Lande)
mais les ornières et les bruyères, où je laissais
aller plus que je ne poussais mon cheval.

Ces nombreuses ornières, multipliées à l'infini, sillonnent parallèlement les sables et les
landes, dans une largeur d'une ou deux portées
de fusil ; c'est là tout ce qui indique, tout ce
qui forme la route ; c'est là que le voyageur doit
la chercher, en choisissant la voie qui lui paraît
la plus praticable. Certes, je ne choisissais pas,
je ne voyais que les ténèbres, et j'avançais, conduit par mon cheval, comme un aveugle conduit
par son chien. Ce muet conducteur, qui ne con-
naissait pas plus la route que moi, et que son
seul instinct dirigeait, tomba et me jeta dans
une ornière; nous n'eûmes de mal ni l'un ni
l'autre. Tout en me relevant et me secouant, je me
félicitais presque de découvrir, non avec les yeux,
mais avec les mains, que ma chute avait eu lieu

dans une ornière, ce qui me garantissait au
moins que j'étais sur la route. Pendant que je
me relevais d'un côté, mon cheval se relevait
de l'autre; la difficulté fut de nous rejoindre.
Je ne l'entendais pas bouger; il était invisible
pour moi, comme je l'étais pour lui. Enfin, en
le cherchant à tâtons, je parvins, à la faveur de
sa couleur blanche qui perçait un peu l'obs-
curité d'une nuit pluvieuse, je parvins, dis-
je, à le retrouver à quelques pas de moi. Il
me semblait tourner le dos au lieu de ma destination. Est-ce lui qui a raison? est-ce moi? Tel
était mon embarras. Quel parti pris-je? Je ne
m'en souviens plus; mais, après avoir conduit
mon cheval par la bride, quelque temps, en
suivant la même ornière, je finis par lui remonter
sur le dos et le laisser aller, en tâchant toutefois
de lui faire entendre, du mieux que je pouvais,
qu'il fallait, sans s'écarter de son ornière, qui
était pour nous comme un sillon lumineux, ne
pas perdre de vue non plus une lumière qui, vrai
phare dans le désert, semblait briller devant
nous, pour éclairer le point où nous nous diri-
gions. Enfin, toujours au petit pas, crainte de
rechute, j'arrive à la Harie, où l'une des fenê-
tres de la poste était le fanal qui m'avait guidé.

C'est après avoir ainsi voyagé, par une nuit

obscure, par un mauvais temps et un mauvais chemin, au milieu du désert, qu'on sent le prix *d'un bon souper et surtout d'un bon lit:* l'un et l'autre m'attendaient à la Harie. Exténué par la fatigue et la faim, ainsi que par l'inquiétude de passer une nuit d'hiver au milieu des Landes, la moindre chaumière eût été pour moi une heureuse rencontre, un asile au moins contre la nuit et la tempête. Ici je trouve tout ce qui peut consoler et délasser d'une longue fatigue. On m'introduit dans un salon où mes hôtes, rangés autour d'un large foyer, pétillant, mais ardent comme tous les feux de bois de pin, attendaient leur souper, qui ne tarda pas à s'annoncer avantageusement. Je pris place au banquet de famille. Il fut abondant, exquis et joyeux. Mon lit fut excellent aussi, et ma chambre non moins propre que commode. Tout cela n'aurait rien d'extraordinaire dans une ville ou dans une route populeuse et fréquentée; mais au milieu de la Thébaïde des Landes, on se croit transporté, tout-à-coup, des sables de l'Egypte dans la Terre promise.

L'Esperon est une chaumière isolée au milieu des bois, comme celle de Belloc au milieu des Landes. Ce relais portait le nom d'un village voisin, que la route laisse à droite. Elle laisse du même côté, à une distance de trois lieues, vers l'E. N. E., les forges d'Uza : c'est le principal des trois établissemens de ce genre que renferment les Landes.

Castets est un lieu assez considérable et presque un bourg, situé dans le premier vallon et sur la première rivière qu'on trouve depuis le vallon de Belin et la rivière de Leyre. Celle qui baigne Castets (la Palue), n'a qu'un cours très-borné : plus près de la mer, dans ce village, que le Leyre à Belin, elle y est aussi beaucoup plus près de sa source, ou plutôt elle y est à son berceau, puisqu'elle doit sa faible importance, ainsi que son titre de rivière, à deux ruisseaux qui se réunissent à Castets même. Le vallon qu'elle arrose m'a paru plus frais que celui de Belin ; les arbres en sont plus touffus, les prairies plus verdoyantes. L'on y descend des deux côtés au milieu d'une épaisse forêt. Avant d'arriver à la mer, la Palue traverse l'étang et baigne le bourg de Léon, à trois lieues au-dessous de Castets. La population de ce dernier bourg est d'environ mille individus ; il y a un bureau de poste.

La route, depuis Bordeaux, ne cesse de se rapprocher de l'Océan. Avant et encore plus après Castets, les voyageurs sont avertis de son voisinage par le bruit des vagues qui se brisent sur la côte. — *Parcouru depuis Paris.* . . . . . . . . . lieues.

194

lieues.

On est toujours dans les forêts de pins durant
la première distance, presque toujours durant
la deuxième, et beaucoup moins durant la troisième. Ici la route est encaissée ; néanmoins
la difficulté des sables et la profondeur des
ornières décidaient, en bien des endroits, les
postillons à pénétrer dans la forêt, à droite et
à gauche, et à promener les courriers et les
voyageurs au milieu des pins, dont ils évitaient
la rencontre avec une merveilleuse adresse. Majesc est un bourg qui renferme à peu près la
même population que celui de Castets ; mais il
est plus agréable, plus aéré, mieux bâti et plus
propre. On y trouvait une fort bonne auberge
dans le temps, chez M. Hontarède. Le territoire
n'y est point rebelle à la culture, comme dans
le reste des Landes que nous venons de parcourir. J'y ai vu de beaux champs de seigle, de
panis et de blé de Turquie.

Si à Castets nous avons laissé, à trois lieues,
sur notre droite, le bourg et l'étang de Léon,
à Majesc nous laissons à pareille distance, du

même côté, le bourg et l'étang de Soustons,
étang au-delà et à une lieue duquel est le bourg
et le port du Vieux-Boucaut, situé sur la côte,
à l'ancienne embouchure de l'Adour.

Aux Monts, le relais était placé dans une
maison isolée, assez agréable manoir champêtre
qu'habitait un riche propriétaire, aubergiste et
cultivateur. Cette maison a pris son nom de
quelques buttes ou mamelons qui sont évidemment d'anciennes dunes.

Saint-Vincent est un joli village, tant par lui-
même que par son territoire. J'y ai trouvé, à la
poste, une fort bonne auberge et surtout fort
propre ; tous les murs en étaient blanchis, tous
les appartemens parquetés et cirés, ainsi que
l'escalier, toutes les boiseries peintes. La même
recherche régnait dans la cuisine. Une pareille
auberge, au sortir des grandes Landes, me semblait une féerie.

C'est à Saint-Vincent que s'opère la réunion
des deux routes de Bordeaux à Baïonne, autrement dites *des grandes* et *des petites Landes ;* et
c'est à cette cause qu'un village aussi peu considérable (environ quatre-vingts feux) doit, en grande
partie, l'air vivant et gracieux par lequel il m'a
séduit. La nature d'ailleurs a fait quelque chose
pour lui : les sables y sont moins arides, le sol

plus cultivé et plus couvert d'arbres de toute

espèce. — *Parcouru depuis Paris.* . . . . . . .

*Nota.* Après avoir dit ce dernier adieu à l'ancienne route de Bordeaux à Baïonne, il nous paraît convenable de lui donner un dernier coup-d'œil qui sera celui de l'observation.

Si l'on excepte le pavé par lequel nous sommes sortis de Bordeaux et quelques centaines de toises également pavées, entre Belin et le Muret, pour empêcher l'interruption totale de la route par l'extrême difficulté des sables, elle n'était pas construite dans tout le reste de sa longueur ; elle l'est encore moins sans doute aujourd'hui qu'elle a perdu toute son importance ; et d'ailleurs comment la construire, dans un pays qui n'offre aucune espèce de matériaux ? Le bout de chemin pavé dont nous venons de parler est dû à une carrière de tuf ou de grès noirâtre et ferrugineux

qui forme le noyau d'un monticule, véritable
accident. dans la contrée que parcourt cette
route. C'est la seule roche que j'y aie aperçue.
Son isolement au milieu d'une plage évidemment abandonnée par la mer, indique non moins
évidemment une ancienne île. Les élémens ferrugineux qu'elle contient me paraissent déceler,
avec la même évidence, des mines de fer.

A cette carrière près, tous les ingénieurs se
sont trouvés dans le dénuement absolu de bons
matériaux sur cette route. Enfin, faute d'autre
moyen de fixer et rendre praticables des sables
dont la profondeur menaçait d'intercepter la
communication de Bordeaux avec Baïonne, ils
recoururent à la ressource de les plancheyer en
tiges ou madriers de pins, mis en travers de la
route, dans les parties les plus difficiles. Les
chevaux et les voitures foulent bruyamment ces
étranges planchers qui, comme on pense bien,
ne résistent pas long-temps à la fréquence et à
la rudesse de ce frottement. Ils s'usent avec une
rapidité qui force de les renouveler souvent.

Dans d'autres parties, pour soustraire les
voyageurs, sans trop multiplier ce moyen pré-
caire, à la profondeur et à la mobilité des sables,
qui, foulés et remués constamment dans la même
voie et les mêmes ornières, finissent par devenir

impraticables , les ingénieurs ont livré toute
la lande ou toute la forêt aux voyageurs , sur-
tout aux postillons, qui ouvraient à volonté de
nouvelles voies ; ceux qui venaient après eux
choisissaient la voie qu'ils croyaient la meilleure,
ou , à leur exemple , en ouvraient une nouvelle.
Cette dernière faculté n'existe que dans les
landes unies et couvertes seulement d'humbles
bruyères; mais non dans celles qui sont parsemées d'arbustes, tels que les deux espèces d'a-
jonc, le ciste alissoïde , etc., ainsi que dans les
landes marécageuses.

La manière adoptée par les postillons , sur
cette route, d'avertir de leur approche ceux des
relais voisins, n'était pas, comme ailleurs, de
faire claquer leur fouet du plus loin qu'ils peuvent être entendus, mais de pousser, à plusieurs
reprises, ce cri prolongé *oh! oh! oh!* en le con-
tinuant jusqu'à extinction de voix, pour le re-
commencer un moment après. C'était l'unique
réveil des postillons, car les voitures, roulant sur
le sable, arrivaient à la poste sans le moindre bruit.

Une autre particularité des relais des grandes
Landes consistait à ne pas ferrer les chevaux,
le sable nourrissant la corne au lieu de l'user.

Le costume des postillons était celui des
pâtres, exposés comme eux au mauvais temps ,

2*

et nous ne venions que difficilement à bout de
leur faire porter l'uniforme , ou bien il fallait
le chercher sous leurs peaux de mouton. Ces
peaux, dont j'ai déjà parlé, sont coupées en
forme de veste, et percées pour le passage des
bras, qui, pendant que le corps est à couvert,
sont exposés à toutes les incommodités du froid
et de la pluie. Les bergers et les postillons des
Landes parent à cet inconvénient , en jetant sur
leur mauvaise fourrure un mauvais surtout fait
en grosse laine du pays , avec manches et capuchon, ce qui met également à l'abri et leurs
bras et leur tête. Nous avions aussi beaucoup de
peine à faire quitter aux postillons de cette route
la toque ou berrette qui forme la coiffure du
pays, pour les obliger à prendre leur chapeau
d'uniforme.

Après ces particularités sur la route des
grandes Landes et sur les relais qui y étaient
établis, nous en pourrions ajouter quelques-unes
sur le pays et ses habitans. Mais ce serait ré-
péter ici ce que nous avons eu déjà occasion de
dire, en parcourant la route, ou ce qui nous
reste à dire encore dans l'aperçu du département, par lequel nous devons terminer ce volume. Nous savons déjà que les Landais ne sont
pas aussi misérables qu'on le croit, avec leur

résine, leurs bois de mâture, leurs troupeaux, leurs laines, leur cire et leur miel, et que le peu de terre qu'ils cultivent autour de leurs habitations fournit plus de seigle, de millet et de maïs qu'il n'en faut pour nourrir une population aussi clairsemée.

Nous verrons, dans l'aperçu du département, qu'ils sont en général d'une faible complexion, en même temps que d'une grande simplicité de mœurs, qui exclut, avec les avantages de la civilisation, les vices qu'elle engendre. Ainsi n'ayant pas besoin de nous étendre davantage ici sur leur physique non plus que sur leur moral, nous terminerons cette route par une anecdote que nous avons extraite d'un voyage dans les Landes, et qui, vraie ou fausse, pourra servir à peindre les mœurs des habitans.

*Le Voyageur dans les Landes.*

. . . . . . . . . . . . . . . . . . . . . .

. . . . . . . . . . . . . . . . . . . . . .

...« Je me traînais avec peine, et les éclairs qui se succédaient, loin de me décourager, éclairaient ma marche; ils se croisèrent bientôt avec une telle rapidité, que j'aperçus enfin une habitation qui se dessinait sur un horizon tout en feu; l'orage augmentait, mais la foudre eût tombé devant moi, qu'elle n'eût point arrêté

mes pas..... Baigné de sueur, le corps courbé
par la fatigue, je tombe sur le seuil de la chaumière, et n'ai que la force de laisser échapper ces
mots : secourez-moi, j'expire... Je perdis en effet
connaissance, et lorsque j'eus repris mes sens,
je me trouvai dans une pièce très-basse, absolument noire, et faiblement éclairée par une
chandelle de résine placée dans la cheminée.
Deux hommes au teint basané, le visage sillonné
de taches noires, et couverts de lambeaux,
étaient près de moi ; leur figure me parut épouvantable. Une très-vieille femme était accroupie
dans un coin de cette chambre, et semblait me
regarder avec étonnement et satisfaction.

» J'étais assis sur un escabeau, et l'un de ces
hommes me présentait une écuelle de bois, dans
laquelle je bus avec avidité un espèce de vinaigre;
je tirai un écu de six francs de ma bourse, le
leur donnai, et demandai quelque chose à
manger : la vue de cet argent me parut faire sur
eux une forte impression, et il me sembla qu'ils
témoignaient à la dérobée une joie que je ne sa-
vais comment expliquer. Ils m'entendaient, mais
je ne pouvais absolument rien comprendre de
ce qu'ils me disaient dans leur patois; cependant,
tout en me regardant avec une attention, une
avidité qui, dans tout autre moment, m'aurait

peut-être effrayé, ils me donnèrent des mor-
ceaux d'une bouillie épaisse et jaunâtre, que je
mangeai, ainsi qu'un peu de mauvais fromage
blanc. Je voulus essayer de boire de l'eau, mais
elle me parut corrompue, et j'en revins à leur
vinaigre. Je les priai ensuite de me donner un
peu de paille ou de foin pour me reposer ; l'un
d'eux m'invita à le suivre, et me fit monter par
une échelle dans un grenier bas, dans lequel on
entrait par une ouverture faite au plancher.

» Un trou carré et assez large formait une
espèce de cheminée ; un vieux lit, dont les rideaux
de toile étaient en lambeaux, un escabeau, voilà
les meubles : c'était plus qu'il ne m'en fallait.
Mais je ne sais pourquoi, depuis que j'étais re-
venu de l'effroi que mon délaissement absolu
dans le désert m'avait inspiré, une vague inquiétude s'était emparée de moi ; cependant je me
couchai après avoir placé derrière mon chevet,
par suite de cette inquiétude, ma bourse et ma
montre.....

» J'étais tellement fatigué, que je ne tardai pas
à m'endormir. Les idées assez sinistres qui rou-
laient dans ma tête, me suscitèrent des rêves
pénibles, et je croyais rêver encore, lorsqu'un
bruit sourd m'ayant forcé à entr'ouvrir les yeux,
je vis, à la pâle lueur d'une lanterne, le misé-

rable qui m'avait conduit dans ce galetas : il
tenait un large couteau, sa tête était tournée de
mon côté et il cherchait à cacher la lumière qu'il
portait ; son camarade avait le corps à moitié
hors de la trappe, et paraissait lui faire signe
de ne point faire de bruit. Un mouvement in-
volontaire me fit porter ma couverture devant
mes yeux ; je restai dans cet état, immobile
de frayeur ; chaque pas qu'ils faisaient retentis-
sait dans ma tête ; je me crus perdu, car je n'avais
point d'arme ; mille idées confuses vinrent m'a-
giter ; cependant, n'entendant plus de bruit,
j'osai porter mes regards autour de moi. L'obs-
curité régnait de nouveau ; mais je crus distinguer le bruit du couteau, je crus entendre aussi
une dispute entre la vieille et ces hommes, qui,
sans doute, avaient craint que je n'eusse caché
sous ma couverture quelque arme à feu, car ils
avaient dû s'apercevoir que je les avais vus.....

» Il est difficile de peindre mon trouble ; je
sortis de mon grabat en faisant le moins de bruit
possible. En cherchant à tâtons s'il n'y avait pas
d'autre issue, je sentis un petit volet qui fer-
mait une lucarne, je l'ouvris ; le crépuscule
commençait à poindre et me permit de distinguer qu'un petit bois de pins ombrageait la chaumière. Je prêtai l'oreille du côté de l'ouverture

qui donnait dans la salle basse, et le plus profond silence me parut régner dans la chaumière. Je me hasardai à passer ma tête par cette ouverture, en me mettant à plat-ventre contre le plancher. La porte qui donnait dans la campagne était ouverte; je ne vis personne dans la salle.

» Tremblant, et je l'avouerai, couvert d'une sueur froide, je descendis par l'échelle sans regarder derrière moi. Je sortis à petit bruit, m'enfonçai dans le bois de pins, le traversai; et, quoique la frayeur m'eût ôté les forces, il me semblait que je courais,...... Je me trouvai bientôt dans la plaine, et ne cessai de m'éloigner sans trop savoir de quel côté je me dirigeais...

» Il y avait une demi-heure environ que je marchais ainsi dans le désert qui s'étendait devant moi; j'étais essoufflé, mais le désir d'échapper à mes assassins ne me permettait pas de m'arrêter; je n'avais pas même encore osé m'assurer si je perdais de vue leur affreux repaire...

» Quel fut mon effroi, quand j'aperçus dans le lointain un de ces brigands monté sur de longues échasses qui lui permettaient de franchir les distances avec une vîtesse que sans doute ma peur doublait encore! Il paraissait me menacer de son long bâton, m'appeler, pousser des cris de rage. Son camarade, plus éloigné, le suivait. Je pressai le pas autant, du moins, que la frayeur me le permit. Je crus bientôt distinguer devant moi, dans l'éloignement, une épaisse fumée partant de divers points; et, sachant qu'on faisait du charbon et du goudron dans les Landes, j'espérais que si je pouvais approcher assez pour être entendu ou aperçu par les ouvriers, les brigands abandonneraient leur proie..... Vain espoir! je n'étais qu'un homme, et ces misérables, grâce à leurs échasses, marchaient à pas de géant..... Ils approchent, ils m'atteignent. Le premier, celui que j'avais vu dans la nuit, me retient par le pan de mon habit, et me présente....... Comment peindre ma surprise! ce brigand, cet assassin me présente..... ma bourse d'une main, et ma montre de l'autre.....

» Je ne dirai point tout ce qui se passa entre nous jusqu'au lieu où étaient réunis plusieurs charbonniers, vers lesquels ils me conduisirent. Là, un de ceux qui transportent le charbon à Bordeaux, et qui parlait assez distinctement le français, m'expliqua tout, en traduisant ce que les *Lanusquets*, chez qui j'avais passé la nuit, lui racontèrent.

» Il me dit que ces braves gens, enchantés d'avoir pu me rendre un léger service, et touchés de ma reconnaissance, s'étant levés, comme à l'ordinaire un peu avant le jour, avaient fait ce qu'ils avaient pu pour ne point me réveiller, en allant couper une tranche de leur meilleur lard, qui était dans la cheminée de ma chambre; ils espéraient me donner à déjeuner quelques tranches de ce lard, qu'ils réservent pour les jours de fête. Mais, étant allés tous les deux chercher de l'eau fraîche, des choux, des navets, leur vieille mère les appela et leur dit qu'elle croyait que je venais de sortir et d'aller dans le petit bois. Après quelque temps, ne me voyant pas revenir, ils visitèrent ma chambre, et virent, avec surprise, que j'avais laissé ma montre et ma bourse sous mon chevet. Ils montèrent aussitôt sur leurs échasses, etc.

» J'aurais trop à rougir de ma frayeur, si je voulais raconter les soins que ces bonnes gens eurent de moi en me servant de guides jusqu'à la ville prochaine. Jamais leçon plus forte ne m'apprit qu'il ne faut point se fier aux apparences. »

FIN DE LA 1<sup>re</sup>. ROUTE DE PARIS EN ESPAGNE.

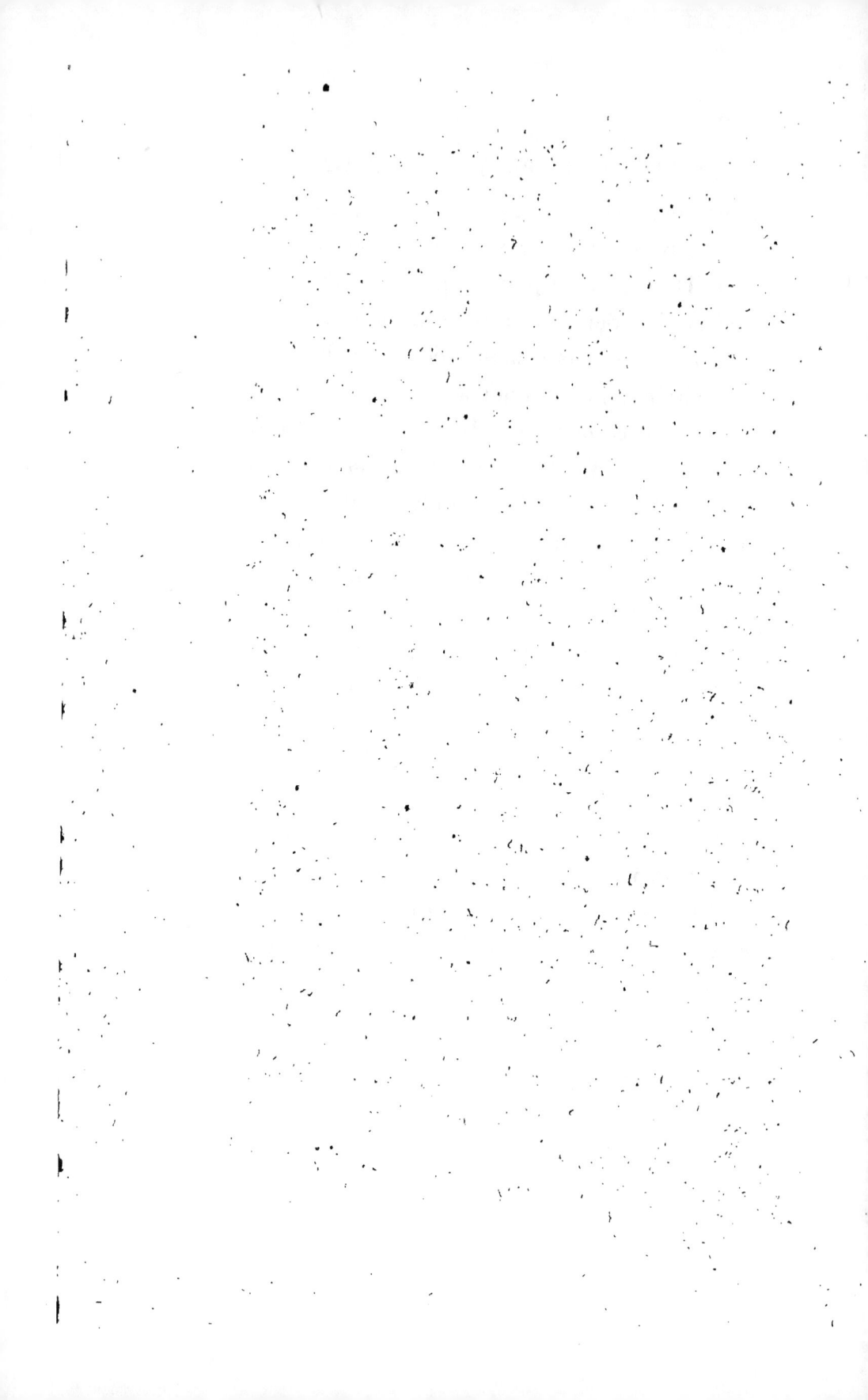

# DEUXIÈME ROUTE

## DE PARIS EN ESPAGNE,

### Par Bordeaux, les Petites Landes, Baïonne et Saint-Jean-de-Luz,

JUSQU'A IRUN.

235 lieues.

---

Depuis Paris jusqu'à Bordeaux. (*Voyez* 1<sub>re</sub>. *route de Paris à Bordeaux par Poitiers.*)

    lieues.

53 *Paragraphes.* . . . . . . . . . . . 156

( 2<sup>e</sup>. *route par Limoges*, 153 *lieues 1/2.* )

§ 54. *De Bordeaux au Bouscaut.*. . . . . . . 3 $\frac{1}{2}$

§ 55. *Du Bouscaut à Castres.*. . . . . . . . . 3 $\frac{1}{2}$

Au faubourg Saint-Julien, par lequel on sort de Bordeaux, succède une double haie de maisons de campagne, qui bordent et embellissent la route durant une lieue, en ne se montrant que par leurs allées, leurs clos de vignes, leurs avenues et leurs murs de clôture. La deuxième lieue n'offre que de vastes landes qui règnent jusqu'au relais. Quant à la troisième, qui compose cette distance, il faut la chercher dans le trajet de la ville et du faubourg que nous quittons.

Le Bouscaut est un très-petit et assez joli village, après lequel les landes sont à la fois et plus étendues et plus infertiles. Castres est un lieu bien plus considérable et un peu plus joli. L'un et l'autre flattent la vue par cette propreté et cette espèce d'élégance que donne nécessairement l'aspect d'une réunion de maisons blanches et propres. Elles sont presque toutes bâties en pierres de taille, dans cette partie du Bordelais qui nous rappelle la Touraine et le Saumurois, où nous avons suivi la vallée de la Loire, au milieu des plus riantes campagnes, comme nous suivons maintenant celle de la Garonne, dont nous remontons la rive droite depuis Bordeaux, en nous en éloignant jusqu'à deux lieues de distance, sans toucher encore aux sables des Landes.

Vers les deux tiers de la deuxième distance, nous avons traversé, d'abord sur deux ponts, la petite rivière du Guémort, et immédiatement après, le hameau de la Prade, qui a eu jadis un relais. On y laisse, à une lieue sur la droite, et sur les bords de cette rivière, le village de la Brède, patrie du célèbre Secondat de Montesquieu.

Les curieux vont y visiter le château qui, après avoir été le berceau de ce grand homme, fut encore, pour ainsi dire, celui de la plupart de ses immortels ouvrages. D'Alembert nous apprend que son traité des *Causes de la grandeur et de la décadence des Romains*, fut entièrement composé à la Brède.

Ce château présente un beau monument go- thique, dont l'effet, au milieu des bois et des pièces d'eau qui l'entourent, est on ne peut plus pittoresque, je dirai presque romantique : s'il nous rappelle le souvenir d'un grand homme, il nous rappelle aussi les beaux siècles de la che- valerie, que nous avons proclamés ailleurs nos siècles héroïques.

La grande salle retrace plus particulièrement ces attachans souvenirs. Au défaut des casques, des cuirasses et des boucliers dont elle était ornée jadis, on y trouve les portraits des aïeux de la famille Secondat. Au fond s'ouvre, en large fer à cheval, une cheminée antique. C'est là que dans les jours d'hiver, tandis que l'ouragan agitait les pins et les chênes de la forêt, les preux et les damoisels des châteaux du voisinage, assis autour d'un vaste foyer, se racontaient mutuel- lement des aventures de guerre et d'amour. La chambre de Montesquieu n'intéresse pas moins

un autre genre d'amateurs. Tous les meubles de
cet ancien et illustre propriétaire sont conservés
avec un soin religieux, qui fait honneur au propriétaire actuel. On aime à s'y asseoir dans son
grand fauteuil, aussi vieux, peut-être, que le
château, et à chercher des yeux, sur le côté
gauche de la cheminée, la trace du pied qu'il
avait coutume d'y appuyer, lorsqu'il composait
ces pages sublimes qui l'ont rangé parmi les plus
profonds penseurs et les plus grands écrivains du
dernier siècle.

D'une fenêtre de cette chambre, ouverte au
midi, la vue se promène sur une prairie d'une
immense étendue, qu'a dû parcourir souvent
l'œil pensif du philosophe, cherchant dans la
contemplation de la nature les idées ou les
expressions que l'art refusait quelquefois à ses
savantes et profondes recherches. C'est surtout à
cette fenêtre qu'il devait dire : *la Brède ou Paris.*

Une grande tour que l'Ermite en province
appelle *une espèce de clocher fort élevé*, que
M. Edmond Géraud baptise avec un peu plus de
raison du nom de *beffroi*, mais qu'on pourrait
nommer avec plus de raison encore le *donjon
du château*, est surmonté d'une terrasse circu-
laire, sur le mur de laquelle on lit les noms, les
uns plus ou moins obscurs, les autres plus ou

moins recommandables, des personnes qui ont visité le château. Nous n'avons pas cru devoir faire figurer le nôtre, ni parmi les derniers, ni parmi les premiers.

Voilà tout ce qu'on nous a montré d'intéressant au château de la Brède, et tout ce qui nous en est resté, soit dans la mémoire, soit dans les notes que nous y avons recueillies. La forme de ce château avait échappé à notre attention, entièrement absorbée par Montesquieu. L'Ermite en province nous apprend que c'est un bâtiment hexagone, à pont levis, entouré d'un double fossé d'eau vive, et revêtu de pierres de taille ; que l'intérieur en est vaste et bien distribué, mais que les appartemens y manquent presque tous de lumière. Nous y avions fait avant lui la même remarque ; mais elle n'était pas nouvelle pour nous, qui l'avons faite également dans tous les vieux châteaux. On ne nous montra pas comme à lui : « La longue allée de chênes où Montesquieu se promenait tous les jours pendant la belle saison. » Comment aurait-on pu nous montrer ce qui n'existe plus depuis long-temps ? On ne nous a pas montré davantage : « La place où il avait coutume de donner audience aux paysans de sa terre, dont il jugeait les différens, en conversant avec eux en patois

3.

gascon. » Il paraît que c'était à l'ombre d'un
chêne, comme autrefois le bon roi Saint Louis,
dans le bois de Vincennes. On lit sur la porte
d'entrée les vers suivans :

> Berceau de Montesquieu, séjour digne d'envie,
> Où d'un talent sublime il déposa les fruits ;
> Lieux si beaux, par le temps vous serez tous détruits ;
> Mais le temps ne peut rien sur son divin génie.

La Brède est un chef-lieu de canton, et un
bourg de près de quinze cents habitans. Castres
ne prétend qu'au même titre, bien que plusieurs géographes lui donnent celui de ville. Il a
huit cents habitans et un bureau de poste.
— *Parcouru depuis Paris.* . . . . . . . . . . . 163

lieues

---

§ 56. *De Castres à Cérons.* . . . . . . . . . 3

Même route plate, même pays aussi riant
qu'animé, et presqu'entièrement cultivé en
vignes. On laisse à peu de distance, sur la gauche en partant, et sur le bord de la Garonne,
le bourg de Portez, où les habitans des Landes
vont embarquer leur résine, leur cire et leur
bois de mâture pour Bordeaux, qui en réexpédie
tout ce qu'il ne garde pas pour sa consommation.

Pendant une partie de cette distance, on remarque, de l'autre côté du fleuve, sur une hauteur escarpée, le château gothique de Langoiran, dominant d'une manière très-pittoresque, et le petit village du même nom qui est au-dessous, et la belle vallée de la Garonne dont les eaux viennent baigner le pied de la colline sur laquelle il repose.

Une lieue plus loin, on trouve Birlade, très-petit village, ancien lieu de relais, où l'on voit un château appartenant à M. de Lynch, pair de France. Une demi-lieue au-delà, on traverse l'extrémité méridionale du bourg de Podensac ; son extrémité opposée s'étend jusqu'au bord du fleuve sur lequel il a un port, comme tous les lieux riverains. Il renferme près de trois cents feux, et un bureau de poste. Cerons est un village qui n'a que peu de maisons sur la route. On y longe à gauche un assez joli château.

Sur l'autre rive, on voit la petite ville et le superbe château de Cadillac, ville peuplée d'environ quinze cents habitans, château bâti par le duc d'Épernon, et possédé aujourd'hui par le comte de Preissac. Cadillac a un bureau de poste. Bien que dans une plaine, cette ville avec son château offre un aspect très-pittoresque. « Ses vieilles tours, ses murs à créneaux, et le beau château du duc d'Épernon, plus moderne

3*

quoiqu'il ait déjà deux siècles, feraient un bel effet dans un tableau. » *( Promenade de Bagnères de Luchon à Paris. )*

Les sites de Langoiran et de Cadillac sont les plus heureux que nous ait offert, depuis notre départ de Bordeaux, la vallée de la Garonne, toujours rivale de celle de la Loire, sur laquelle elle l'emporte par la douceur de son climat et l'excellence de ses vins. Si elle est surpassée pour la fraîcheur et la variété des paysages, elle ne l'est point pour la blancheur et la propreté des habitations, ainsi que pour le ton généralement gracieux de toute la contrée et l'air de prospérité générale qui brille sur le front des habitans.

Cette physionomie riante et cette prospérité générale du pays tiennent, l'une à la beauté, l'autre à la richesse des vignobles qu'on y cultive. Nulle part les ceps ne sont plus hauts et plus vigoureux, les pampres plus verts et plus touffus. Les vignes y ressemblent à des bosquets. Il y en a telle où j'ai trouvé à me promener sous l'ombrage, comme dans les bosquets d'orangers d'Hyères ou de Nice. Les raisins n'y sont pas moins abondans que les feuilles, et les vins qu'on en retire n'enrichissent pas moins le propriétaire par leur qualité que par leur quantité.

lieues.

— *Parcouru depuis Paris.* . . . . . . . . . . . 166

§ 57. *De Cérons à Langon.* . . . . . . . . .        2

Cette distance est coupée en trois parties presqu'égales par les deux gros bourgs de Barsac et
de Preignac, tous deux peuplés de quinze à dix-
huit cents habitans. Le nom de Barsac est celui
d'un des meilleurs crus de Bordeaux en vins
blancs, quoiqu'il nous ait toujours paru infé-
rieur à sa réputation. On voit dans ce bourg
beaucoup de maisons bourgeoises, dont la plus
remarquable, ou du moins la plus remarquée
du voyageur, est celle de M. Mallet, américain ;
on la longe à droite en sortant. Sur la gauche,
à une distance de deux portées de balle, est le
coteau de Sainte-Croix-du-Mont, dominé par
un château, et fameux par ses vins blancs, qui
sont, non les meilleurs, mais les plus doux du
territoire de Barsac. Ce château appartient à
M. de l'Ancre, ancien président du département
de Bordeaux.

Preignac renferme aussi beaucoup de maisons
bourgeoises : on y traverse une jolie place sur
laquelle se fait remarquer, à droite, une belle
habitation appartenant jadis à M. d'Armajan,
aujourd'hui à M. Fitou, négociant. A un quart
de lieue vers le sud, on aperçoit le château de
Sauterne, dont le nom rappelle les meilleurs

de tous les vins blancs de Bordeaux, et même de tous ceux de France, à mon goût. Aucun autre ne possède au même degré ce bouquet bordelais, ( car les vins blancs ont aussi le leur) ce goût de pierre à fusil, si recherché des amateurs. Le château de Sauterne appartient à M^{me} de Saluces, descendant d'une famille piémontaise, établie en France sous Henri IV.

Langon.     Langon est une petite ville de deux mille cinq cents habitans, qui a aussi son nom inscrit parmi ceux des crus les plus renommés de Bordeaux. On croirait que Barsac, Sauterne, Langon, avec même climat et même latitude, même sol plat et sablonneux, et sans doute aussi même plant de vignes, doivent donner des vins de là même qualité. Il n'en est pas ainsi : ces trois crus, malgré tant de ressemblance et malgré leur proximité, diffèrent essentiellement dans leurs produits, au jugement des gourmets les plus experts.

C'est une assez jolie ville que Langon, d'après quelques auteurs, et une assez vilaine bicoque, d'après quelques autres. Le témoignage de nos propres yeux va les mettre d'accord : Langon n'est pas une jolie ville par elle-même, mais elle est entourée d'agréables promenades et située dans une plaine charmante.

La marée qui remonte jusque là, lui procure

un port commode, faisant partie du 5ᵉ. arrondissement maritime, et un commerce assez
considérable consistant en vins et eaux-de-vie.
Chaque marée mène à Bordeaux et ramène un
grand nombre de barques qui transportaient jadis beaucoup de voyageurs, tous ou presque tous
accaparés aujourd'hui par les deux bateaux à vapeur nouvellement établis. « De Langon, une vapeur légère, dit M. le comte P. de V. (*Promenade
de Bagnères de Luchon à Paris*), m'a porté à
Bordeaux. Vous allez me demander si je suis
devenu une ombre élyséenne. — Sachez donc
que le bateau à vapeur ne s'appelle pas autrement que *la vapeur*..... On fait douze lieues en
quatre heures. Cet établissement a causé de
nombreux déplacemens de fortune dans le pays :
les maîtres de poste et les entrepreneurs de bateaux à voiles ne font plus rien ; ils regardent
tristement passer *la vapeur* et la maudissent. Les
négocians, les courtiers, les commis, les propriétaires riverains, les voyageurs, les oisifs,
montent sur *la vapeur* et la bénissent. » Du
temps de ce voyageur, le second bateau à vapeur
nommé l'*Hirondelle* n'était pas encore établi.

Il est inutile de dire que Langon a un bureau
de poste. Plusieurs géographes parlent d'une
fontaine mercurielle qui existerait dans son ter-

ritoire ; je n'en ai jamais entendu parler aux habitans. Cette ville a plusieurs bonnes auberges (1) très-fréquentées, comme on pense bien, vu le grand passage qui résulte de la réunion des trois routes de Bordeaux à Baïonne, à Bagnères et à Toulouse ; les deux dernières, qui n'en font encore qu'une jusqu'à Agen, traversent la Garonne dans un bac, près de la petite ville de Saint-Macaire, située sur l'autre rive, un peu au-dessus de Langon, et décrite dans la deuxième route de Paris à Bagnères.—*Parcouru depuis Paris.* . . . . . . . . . . . . . . . . . . 169 *lieues.*

On abandonne à Langon les bords rians de la Garonne, pour se diriger vers ces tristes et fameuses Landes que nous avons traversées dans leur centre, en parcourant la première route de Bordeaux à Baïonne, et dont nous avons longé continuellement à droite, dans celle-ci, la lisière septentrionale, sans les voir et presque sans nous en douter, en cotoyant, également sans la voir, la rive méridionale de ce fleuve, sur notre gauche.

---

(1) Une surtout, le Cheval-Blanc, peut être comptée au nombre des meilleures de France.

On ne tarde pas à les reconnaître à leur physionomie monotone et mélancolique, qui toutefois est encore ici peu prononcée : ce n'est pas
celle des *grandes*, mais des *petites* Landes. Le
chemin plat et légèrement montant comme le
terrain est encore peu sablonneux ; il ne passe
dans aucun village , et l'on n'y rencontre que
peu de maisons.

La petite ville de Bazas, ancienne capitale Bazas.
de la petite province du Bazadais, renferme
deux mille habitans, ou bien quatre mille six
cents, selon qu'on y comprend, ou n'y comprend
pas la commune. Elle n'a de remarquable
qu'une assez jolie place, et une assez belle cathédrale gothique, ce qui nous rappelle qu'il y
a eu jadis un évêché. Si l'on veut jouir d'un sin-
gulier effet d'optique, il faut regarder l'intérieur
de l'église réfléchi dans l'eau du bénitier. L'é-
difice est d'une grandeur moyenne, mais d'une
belle proportion.

Cette ville possède une des sous-préfectures de
la Gironde, un tribunal civil, un séminaire,
une société d'agriculture, deux verreries à bou-
teilles, deux faïenceries, et plusieurs blanchis-
series de cire. Son grand commerce est celui du
bois, tant de chauffage que de merrain et de
construction, que produit son territoire sablonneux et très-boisé.

Bazas est la patrie de Jules Ausonne, père
du poëte de ce nom, et premier médecin de
l'empereur Valentinien. Il naquit dans cette
ville, vers l'an 297, fut préfet d'Illyrie, séna-
teur honoraire de Rome et de Bordeaux, et
mourut dans une heureuse vieillesse, à l'âge
de quatre-vingt-dix ans. Son fils l'a célébré dans
ses vers; il a chanté aussi la patrie de son père,
sous le nom de *Vasates* (Idylle I^re). Ce nom de
la peuplade qui avait pour son chef-lieu Bazas,
était encore celui du chef-lieu même. *Vasates*
dans Ausonne, *Vasatii* dans Ptolomée, *Vasata*
dans Ammien-Marcellin, et *Vocates,* par erreur
sans doute, dans le troisième livre des Commen-
taires ; enfin *Civitas Vasata* dans l'Itinéraire
de Bordeaux à Jérusalem. — *Parcouru depuis
Paris.* . . . . . . . . . . . . . . . . . . . 173 *lieues.*

On longe la ville à gauche en sortant, et l'on
traverse la petite rivière sans nom qui la baigne.
Au bout de deux lieues, on trouve le village
assez petit et assez joli de Beaulac, après lequel
on passe le Ciron; dès lors on est dans les landes
et les forêts de pins.

Captieux, assez joli bourg de mille cinq cents habitans, en comptant toute la commune, ressort assez agréablement au milieu du désert qui l'entoure, et qui s'agrandit encore au-delà. Il n'offre que peu de plantations de pins : les landes occupent toute l'étendue de l'horizon, et ne discontinuent point jusqu'à Roquefort d'étaler à nos regards attristés leurs immenses tapis de bruyères, rarement interrompus par quelques champs de seigle et de millet, où la charrue ne sillonne que du sable, plus rarement bornés au loin par la triste verdure des *pignadas*, ou bois de pins.

Les prés, bien plus clairsemés que les champs autour du peu de chaumières qu'on rencontre, n'obtiennent pas ici, non seulement la fraîcheur, mais même le vert prononcé qu'ils acquièrent ailleurs : c'est une nature entièrement décolorée, sans pourtant être une nature morte : nous verrons bientôt qu'elle ne demande que la vie. Il appartient à l'homme de la lui donner, en l'animant en quelque manière par la culture : elle n'a reçu que l'existence.

Dans une pareille contrée, qui ressemble si bien aux *grandes Landes*, on sent que la route doit présenter, avec la même nature sablonneuse, les mêmes difficultés. On s'étonne même du nom de *petites Landes* que portent celles-ci, malgré leur immense étendue et la profondeur, ainsi que la mobilité de leurs sables, qui ne le cèdent en rien, sous ce rapport, à ceux des grandes. La différence des dimensions résulte d'un trajet un peu moins long dans les unes que dans les autres, et de la proximité de leur lisière orientale, qu'on longe constamment, à plus ou moins de distance sur la gauche, dans les petites Landes.

On pavait, lors de mon dernier passage, les endroits les plus difficiles, au moyen d'une carrière découverte dans les environs de Captieux, et ce pavé devait, de proche en proche, continuer jusqu'à l'extrémité méridionale de la route.

Nous passons du département de la Gironde dans celui des Landes, immédiatement avant le Poteau, maison seule, située au milieu d'une vaste surface de bruyères qui, s'étendant également à perte de vue sur les quatre points cardinaux de cette habitation, embrassent et terminent l'horizon dans un lointain sans bornes. La maison, ou plutôt la chaumière du Poteau, réunit à l'exploitation du relais, celle d'un labour et d'une auberge. Le maître de poste, fermier de M. le baron de Poiféré, cultive et

fertilise les sables de son propriétaire, au point
de leur faire rendre l'incroyable, produit de 12
et 15 pour un, en seigle. Eh! qu'on nous répète
encore que les Landes de Bordeaux sont infertiles, parce qu'elles sont incultes! nous répé-
terons nous-mêmes qu'elles ne demandent que
la vie, et n'exigent que des bras, de l'engrais et des soins. Celles qui ont été défrichées
par la charrue de ce maître de poste labou-
reur, sont en plein rapport tous les ans, avec
la seule alternation des semences d'hiver et de
mars. Ainsi, une propriété sans valeur et à peu
près nulle, avant la translation des relais sur
cette route, est devenue un fort bon domaine
depuis.

On trouve encore une maison seule aux
Agreaux, où était jadis un relais, supprimé
depuis peu comme inutile; mais elle s'annonce
mieux que celle du Poteau, par une superbe plantation de chênes antiques qui en occupe le vis-
à-vis, comme cela se voit quelquefois devant
l'entrée des châteaux. C'est cependant une très-
simple maison d'exploitation, pour ne pas dire
une chaumière, et l'on ne cultive ici, comme
au Poteau, que des sables.

Roquefort est une petite ville de quinze cents
habitans, avec un bureau de poste. Elle tire

son nom des rochers de tuf, entre lequels elle est située. Ces rochers bordent le double vallon de l'Estampón et de la Douze, dont les eaux se marient sous ses murs. Ce n'est point, comme le croient quelques voyageurs, cette ville de Roquefort rendue célèbre par ses caves et ses fromages, dans une autre partie du midi (près de Montpellier). Celle-ci n'est célèbre par rien, et n'est remarquable que par ces roches, passablement escarpées, formant, avec le double vallon qu'elles dominent, la première variété dont nos regards aient pu se repaître depuis que nous sommes entrés dans les Landes.

Roquefort a des fours à chaux, avec des fabriques de poterie, et fait le commerce des divers produits de son territoire, les bestiaux, les laines, la cire et le miel. — *Parcouru depuis Paris.* . . . . . . . . . . . . . . . . . . . . . . . . 187

lieues.

---

Même nature de landes, mais plus boisées. La route gravit, en partant, une montée rapide, au bout de laquelle on laisse, à gauche, l'embranchement de la route de Pau.

Le Caloy, comme le Poteau et les Agreaux,

est une maison seule et un domaine de sables.
On y découvre une partie de la chaîne des Pyrénées, qui offrent, à cette distance de trente
lieues, une magnifique perspective. Je ne sais si
elles se distinguent aussi nettement toutes les
fois qu'elles se montrent, car on pense bien
que ce n'est pas tous les jours ; mais, après les
avoir souvent contemplées de tous leurs points
de vue, je n'en connais pas de plus beau que
celui-ci.

Aux approches de Mont-de-Marsan, les sables Mont-de-
sont cultivés et ombragés de beaux arbres qui
ne contribuent pas moins à les fertiliser qu'à les
embellir, par la fraîcheur et l'agrément qu'ils
y répandent. Ainsi décoré, ce pays sablonneux
devient presque un paysage, à travers lequel
nous avons abordé, par une magnifique avenue,
la capitale des Landes. Elle porte bien la livrée
du pays qu'elle commande ; elle est entourée
de sables. Mais elle les a tant embellis et déna-
turés, qu'on ne les reconnaît plus, semblable
à ces chefs militaires qui, s'ils portent l'uniforme
de leurs corps, le rendent presque méconnais-
sable, par la richesse de l'étoffe et l'éclat de la
dorure.

Si Roquefort nous a offert une première et
agréable variété par sa position au confluent de

deux rivières, le site de Mont-de-Marsan nous
en offre une seconde plus agréable encore ,
par le confluent de la Douze et du Midou, dont
la réunion forme la rivière navigable de la Midouze. En mêlant leurs eaux, elles confondent
leurs noms, combinés , ainsi qu'on doit le
remarquer, de Douze et de Midou. On franc-
chit cette dernière sur un beau pont, qui serait
plus beau encore s'il n'était beaucoup trop bas.

C'est à la navigation de la Midouze que la
ville de Mont-de-Marsan doit son grand commerce, comme c'est à ce grand commerce qu'elle
doit une prospérité toujours croissante, qui se
manifeste par ses magnifiques avénues, son beau
pont, ses rues larges et droites, ses maisons propres et bien bâties, même par ses édifices, au
nombre desquels on distingue l'hôtel de la préfecture, ornement de la rue Royale, le palais
de justice et la prison, dont l'architecture tos-
cane et sévère est on ne peut mieux adaptée à
sa destination. L'hospice et la caserne peuvent
être cités aussi parmi les établissemens dont se
glorifie cette ville. Je l'avais vue dix-huit ans
auparavant, et, quoiqu'elle eût déjà cet air d'o-
pulence et d'activité que lui donnait, même
alors, un commerce prospère, je la trouvai mé-
connaissable en 1814.

En y arrivant par sa belle avenue de chênes antiques ; en y entrant par sa belle rue Royale, aussi large que droite, aussi propre que bien bâtie ; en passant son joli pont, après lequel je me suis trouvé dans une autre rue neuve, non moins belle que la première, mais de plus extrêmement marchande, et bordée de grandes boutiques, aussi élégamment ornées que richement pourvues de tous les objets de consommation et de luxe, je me serais cru dans une seconde capitale, ou du moins dans une des plus grandes cités de France ; j'étais dans la capitale du plus grand désert que renferme ce royaume, et dans une ville de quatre mille habitans, ne sachant qui j'en devais croire, ou des habitans eux-mêmes qui me le certifiaient, ou de mes yeux qui me disaient le contraire.

Les autres avenues répondent à celle de Bordeaux : M. Duplantier a fait embellir celle de Grenade (petite ville de mille cinq cents habitans, située à trois lieues S. S. E. au bord de l'Adour), en la dirigeant en ligne droite sur une patte-d'oie où viennent aboutir, d'un côté celle d'Orthès par St.-Sever, ville décrite plus bas, route de Mont-de-Marsan à St.-Jean-pied-de-Port ; de l'autre, une fausse route, simple chemin vicinal transformé en avenue, pour compléter l'étoile.

4.

La jolie et courte rue de Duplantier nous a
rappelé par son nom, celui d'un préfet auquel
Mont-de-Marsan doit ses principaux embel-
lissemens, commencés par son prédécesseur,
M. Méchain. Les habitans ont conservé pour
ces deux premiers administrateurs un souvenir
qui est celui de la reconnaissance.

L'Ermite en voyage a remarqué, sous son capuchon, la beauté du sexe de cette ville : on
voit que rien n'échappe à ce voyageur en froc.
Au surplus, cette observation est celle de tous
les étrangers qui passent à Mont-de-Marsan,
de quelque profession qu'ils soient. Ce qui le
frappa d'avantage, pendant un séjour de vingt-
quatre heures, ce fut d'y voir de jeunes et jolies
filles court vêtues, jambes et pieds nus, parcourir la ville en portant des cruches remplies
d'eau, sur la tête. On lui assura que « cette
simplicité d'atours, et cette négligence un peu
sauvage ne nuisait pas au double rôle que ces
petites servantes basquaises jouent dans quelques ménages, où les personnes les plus inté-
ressées ne s'en scandalisent pas autant qu'on
pourrait le craindre. » Quant à nous, ce n'est
pas le bas des jambes, mais les jolies têtes du
beau sexe de Mont-de-Marsan qui ont fixé nos
regards, à tous nos passages dans cette ville.

Les tailles y sont petites , mais bien prises , et les figures presque toujours gracieuses , souvent jolies, quelquefois charmantes. Elles sont merveilleusement relevées par un fichu blanc ou rouge, placé avec art autour de la tête. Cette coiffure, aussi propre qu'élégante , aussi élégante que simple , est celle des simples ouvrières et des servantes. Dans les autres classes , la jeunesse et la beauté des femmes ressortent on ne peut mieux sous les capotes, de couleur ordinairement brune , qui forment leur déshabillé du matin.

C'est au spectacle, c'est dans les salons et les bals, qu'elles étalent la richesse de leurs toilettes ; c'est là, c'est le soir qu'on les admire ; mais c'est le matin qu'on les aime; c'est sous la coiffure modeste de cette époque de la journée, que leurs grands yeux noirs laissent échapper des regards contre lesquels un jeune voyageur doit mettre son cœur en garde.

Il n'est pas étonnant qu'une ville aussi opulente, aussi remplie de riches familles, et de ce qu'on appelle généralement beau monde., ait voulu se donner, toute petite qu'elle est , une salle de spectacle ( 1 ). Elle possède, outre la

---

(1) Depuis mon dernier passage, en 1814 , l'église principale étant tombée en ruine, celle dont cette salle avait pris la place a été rendue à sa première destination.

caserne et l'hospice dont j'ai déjà parlé, un collége, une petite bibliothèque de dix à douze mille volumes, une société d'agriculture, une pépinière, départementale servant de promenade publique ; une autre promenade, dite le Jardin de la Vignotte, et plusieurs établissemens de bains. Combien de villes bien plus considérables en ont à peine un ou deux ! Nous avons remarqué avec curiosité que celle de Vitré, peuplée de dix mille âmes, n'en a pas un. (*Route de Paris à Rennes, page* 324.) On doit noter, comme chose plus curieuse encore et sans exemple, que celle de Mont-de-Marsan en a cinq ; ce qui prouve moins le luxe des habitans que leur extrême propreté. Toutes les classes font usage des bains.

Nous passons sous silence les auberges, afin de ne pas parler du mécontentement des voyageurs, qui se plaignent généralement d'y être ce qu'ils appellent écorchés, et *quorum pars magna fui.* Cette réputation trop bien acquise, ne changera que lorsque les auberges changeront elles-mêmes de maîtres, ou les aubergistes de système.

Le commerce principal de Mont-de-Marsan consiste dans l'expédition à Baïonne des vins et eaux-de-vie de l'Armagnac. Plusieurs négocians sont millionnaires, notamment les maisons Marrast et Bié.

Pendant la guerre maritime, cette ville acquit un nouveau degré d'importance et d'activité, en servant d'entrepôt entre Bordeaux et Baïonne, au moyen de la Midouze et de l'Adour, qui établissent ses relations nautiques avec ce dernier port, et de la Garonne qui, recevant les marchandises à Langon, les transporte à Bordeaux. C'est encore vingt-six lieues de trajet par terre, depuis Mont-de-Marsan jusqu'à Langon; mais il y en a cinquante-six par les grandes Landes, depuis Baïonne jusqu'à Bordeaux. Un canal projeté doit réunir la Midouze à la Garonne. On ne se pénètre de son importance que lorsque la guerre ferme les communications maritimes.

Les environs de la ville de Mont-de-Marsan renferment quelques vignobles, qui, bien que très-clairsemés, concourent à donner de l'agrément à son territoire et à lui ôter cette physionomie, que j'apellerai *landaise*, dont elle a si bien su se dépouiller. Elle doit son nom, avec sa fondation, à un vicomte de Marsan qui la fit bâtir en 1140.

A force de compulser les divers auteurs qui ont parlé de cette ville, nous découvrons qu'elle a donné le jour à deux hommes, si

non illustres , du moins historiques, savoir :
Dominique de Gourgues, fameux marin, dédai-
gné par la cour de France, mais apprécié par
la reine Élisabeth, qui le demandait pour com-
mander une flotte anglaise, lorsqu'il mourut à
Tours en 1593 ; et François le Poulchre, sei-
gneur de la Mothe-Messemé, homme de guerre,
courtisan , auteur d'un salmigondis historique
et poétique dédié à Charles IX , et vanté par
Ronsard.

Albret.    Nous ne devons pas aller plus loin sans
avertir les voyageurs dont nous sommes les
guides, qu'ils viennent de traverser avec nous la
terre et de laisser à peu de distance sur la droite
la capitale des anciens seigneurs d'Albret. Ce
que nous apellons une *terre*, était un pays vaste
comme une province. Son étendue , mal dé-
terminée, mal délimitée par les auteurs qui lui
donnent, les uns cinq, les autres vingt, les autres
trente lieues de diamètre, était si considérable,
qu'elle embrassait à la fois , avec Albret, des
villes très-éloignées, Tartas, Castel-Jaloux, Nérac, etc. (1). Ce que nous apellons *capitale*, n'ob-

_____

(1) C'est Expilly qui lui donne « vingt lieues de long
et autant de large; » c'est la Martinière qui lui en donne
trente de longueur. Moreri ne détruit pas cette opinion par

tient plus aujourd'hui que le titre de bourg, et
mérite à peine celui de village. C'est une réunion de chaumières, qu'Expilly porte au nombre de 93, et qui sont plutôt diminuées aujour-
d'hui qu'augmentées, par la même cause qui a
commencé la dépopulation et la décadence de
cette ville, savoir : le mauvais pays de sables,
de bois et de landes où elle est située, à 4 lieues
N. de Mont-de-Marsan, à 3 O. de Roquefort.

Ce n'est pas sans peine que j'en ai découvert
la position : aucune de mes cartes ne la men-
tionne sous ce nom, mais sous celui de Labrit,
et sous l'apparence d'un village; double indi-
cation plus propre à m'égarer qu'à me diriger
dans ma recherche. Quant aux auteurs, ils in-
diquent cette position diversement, c'est-à-
dire, quelques-uns bien et les autres mal, notamment le Voyageur français, qui place Albret
à la source de la Douze. Après l'y avoir cher-
ché long-temps sans l'y trouver, j'ai dirigé mon
compas vers le point indiqué par les latitude
et longitude données; ce point a été le même

la sienne : « Albret, dit-il, est la ville capitale, les autres
sont Nérac, Montréal, Castel-Géloux, etc. »

« Albret, dit d'un autre côté Piganiol, est la terre la
plus étendue de la Guienne ».

où toutes mes cartes placent le village de Labrit. Mais Labrit n'est point Albret : mais un
village n'est point une ville, et surtout une capitale. Enfin quelques nouveaux auteurs consultés, m'apprennent qu'Albret se nommait
aussi Lebret ou Labrit, et une carte achève
de me fixer, en portant en toutes lettres, le nom
d'Albret. Cette carte rectificatrice, on ne la de-
vinerait point, est celle de l'Ermite en province.

Parler aussi longuement d'Albret, c'est presque exhumer une ville de son tombeau ; mais
ce n'est pas la première fois que nous avons
rendu ces espèces d'honneurs funèbres, témoin
la route des grandes Landes ( *V. p.* 1ere. *de ce*
*volume* ). L'ancienne capitale des aïeux mater-
nels de nos rois, méritait bien les fouilles que
nous avons faites pour la déterrer dans les sables
des Landes. Cette famille, quoique l'une des
plus anciennes de France, a peu figuré dans
l'histoire : les deux personnages les plus célèbres
peut-être qu'elle ait produits, les plus dignes
au moins de vivre dans la mémoire des Français, sont Henri d'Albret, et Jeanne d'Albret sa
fille, comme ayant donné l'un le jour, l'autre
l'éducation au bon et vaillant Henri.

La terre d'Albret fut érigée en duché-pairie
par Henri II, l'an 1556, en faveur d'Antoine

de Bourbon, père d'Henri IV. Réunie à la couronne par ce dernier prince, elle a été cédée en 1642 à la maison de Bouillon, en échange de la principauté de Sedan.

Les écrivains latins nomment Albret *Leporetum*, d'où est dérivé le nom de Lebret; cette étymologie qui vient, dit-on, de la grande quantité de lièvres dont le pays est rempli, nous paraît du petit nombre de celles qu'on ne peut contester. — *Parcouru depuis Paris*. . . . . . . 193

lieues.

Nous quittons la ville par une avenue nouvelle, qui égalera un jour en beauté celle par laquelle nous sommes arrivés. Des haies vives aussi hautes que touffues, et des landes presque entièrement couvertes de bois de pins, telle est la distance de Mont-de-Marsan à Campagne, et telle est à peu près celle de Campagne à Tartas, au tiers de laquelle on trouve le village de Meillan.

La route, toujours encombrée de sables profonds, recevait à grands frais, lors de mon passage, un pavé qui devait la rendre bientôt aussi roulante qu'elle l'était peu, dans son état na-

turel. En attendant cet heureux résultat, les
postillons l'évitaient, autant qu'il leur était possible, en pénétrant à droite et à gauche, dans la
forêt, et trottant avec une merveilleuse adresse,
au travers des pins sans les heurter.

Ces déviations de la route ne sont plus néces-
saires aujourd'hui, soit avant soit après Mont-de-
Marsan, au moyen des belles réparations qu'elle
a reçues : les parties qui n'ont pu être pavées, à
cause de l'éloignement des carrières, ou de la
mobilité des sables, ont été planchéiées, et non
comme autrefois avec des tiges de pins, placées
les unes à la suite des autres, mais avec des
madriers ou des poutres équarries et assemblées
de manière à former de véritables planchers,
où l'on roule aussi commodément que bruyamment, comme sur des parquets.

Campagne est un hameau, et Tartas une petite
ville de deux mille habitans, située sur la Midouze, qui la sépare en ville haute et basse. De
la première, on a un superbe coup-d'œil sur
les campagnes de la rive opposée. Cette ville
est d'ailleurs aussi agréable par elle-même que
par sa position. On la traverse par une large et
assez belle rue.

Elle avait jadis un sénéchal dont le ressort
s'étendait depuis les portes de Baïonne jusqu'à

celles de Bordeaux, si j'en dois croire quelques
érudits du pays; mais si j'en crois Piganiol, cette
prétendue sénéchaussée n'était pas au nombre
de celles qu'embrassait la généralité de Bordeaux, et parmi lesquelles il compte celle de
Dax. Pourquoi chercher toujours son illustration plutôt dans le passé que dans le présent,
dans les ténèbres que dans la lumière ? Les avantages incontestables de cette petite ville sont
d'être heureusement située et fort commerçante, au moyen de son port sur la Midouze;
elle le serait davantage sans le voisinage de Mont-
de-Marsan. Elle embarque pour Baïonne les
produits des Landes, comme sa voisine ceux de
l'Armagnac. Outre la route que nous parcourons, elle en a une autre sur Aire, par Grenade.

lieues.

— *Parcouru depuis Paris.* . . . . . . . . . .   200 ½

§ 66. *De Tartas à Pontons.* . . . . . . . .   3

§ 67. *De Pontons à Saint-Paul-les-Dax.* . . .   3 ½

Même nature de route et de contrée ; toujours sables, landes et pins. On franchit, vers le
quart de la première distance, la petite rivière
de l'Aretjon, et vers le milieu celle du Luzou,
courant se perdre l'une et l'autre dans la Midouze, qui reçoit la dernière des deux, peu avant

de se perdre elle-même dans l'Adour. Pontons, assez joli bourg d'environ cent feux, est séparé de l'Adour par de belles et riches prairies.

Après ce relais, les forêts de pins font place à des bois de chênes dont les belles futaies prouvent que cet arbre ne redoute pas les sables. Les bois sont interrompus par de vastes landes, uniformément pourprées de bruyères, quand cette plante grisâtre est en fleurs. On remarque aussi quelque culture et des haies vives d'une vigueur extraordinaire. Vers le milieu de la distance, on laisse à droite, à un quart de lieue de la route, le village de Buglose, embelli par un ancien couvent de Lazaristes, que les acquéreurs ont respecté.

C'est près de cet endroit qu'un jour Saint Vincent-de-Paule, gardant le petit troupeau de son père, traçait, dit-on, sur le sable, avec sa houlette, sans le savoir, les mots suivans : *Un jour je serai saint.* Tout le monde connaît les titres de cet ardent bienfaiteur de l'humanité, à la vénération publique et aux récompenses célestes. Le lieu de sa naissance est Pouy, village dont on aperçoit le clocher, un peu plus loin, à un quart de lieue sur la gauche de la route, qui ne passe pas à Dax, comme pourraient le faire croire quelques cartes, et notamment celle du

livre de poste, mais à Saint-Paul-les-Dax, assez
joli village d'environ soixante feux, d'où un chemin d'embranchement, long d'un quart de lieue
environ, conduit à Dax, en passant l'Adour
sur un pont de bois fort long et très-élevé.

Cette ville, peuplée de trois mille habitans,
et de près de cinq mille en comprenant la partie
rurale de la population, est assez bien percée et
pas mal bâtie dans une belle plaine, sur la rive
gauche de l'Adour. Les restes de ses vieux remparts et des tours qui les flanquaient, laissent
apercevoir la maçonnerie romaine, ce qui nous
rappelle que les Romains ont connu la source
chaude d'où elle tire son nom d'*Aquæ Augustæ
Tarbellicæ*. A cette étymologie dont tous les
auteurs sont d'accord, j'ajouterai une observation qui semble leur avoir échappé; c'est que si
l'origine romaine de Dax, ou du moins son oc-
cupation par les Romains était incertaine, ses
remparts lèveraient tous les doutes. Plusieurs
voyageurs et géographes les mentionnent cependant, mais la plupart les ont, je ne sais pourquoi, déclarés construits à la manière des Romains, et non par les Romains. Ils en pourraient
dire autant de toutes les anciennes constructions qui nous restent de ce peuple. Telles sont
au surplus les incroyables bévues des auteurs,

dont je suis obligé de feuilleter les ouvrages, que l'un des plus exacts, Piganiol de la Force, s'exprime ainsi sur ces remparts romains : « L'enceinte de Dax est un carré flanqué de tours *à l'épreuve du canon*, et bâtis de petites pierres carrées, espacées de distance en distance par des lits de brique, à la manière de quelques ouvrages des Romains. » Ne dirait-on pas, à cette façon de décrire les remparts de Dax, *à l'épreuve du canon*, qu'ils ont été construits par Vauban ou par Métezeau ? Le genre de maçonnerie dont il parle et qui appartient exclusivement à l'antiquité, n'a jamais été employé, que je sache, dans les ouvrages modernes.

Un autre auteur traite Dax de *capitale des Landes* et de *chef-lieu de préfecture*. Dax n'a pu être la capitale d'un pays qui n'en avait point, puisque ce n'était pas une province. Cette ville est aujourd'hui le siége d'une des sous-préfectures du département des Landes et d'un tribunal civil. Elle a un évêché suffragant d'Auch.

La fontaine bouillante est une des plus remarquables qui existent ; je n'en connais point d'aussi chaude et surtout d'aussi abondante : c'est le principal relief de cette ville et son plus ancien titre à la célébrité : nous avons vu qu'elle en a tiré son nom. « La fontaine chaude de Dax, dit M. Delespin, est une des curiosités de la Guienne. Elle paraît avoir été connue bien avant la conquête des Gaules, et il est probable que la réputation de la fontaine a donné l'existence à la ville. Sa chaleur est de 60 degrés de Réaumur, et son évaporation est telle que, dans les matinées fraîches, elle forme un brouillard d'une épaisseur extraordinaire qui enveloppe quelquefois la ville entière.» Des vérifications postérieures ont fait descendre cette chaleur au 56ᵉ degré. Nos vérifications personnelles nous ont convaincus que ce degré est celui des eaux du bassin; mais le thermomètre, plongé dans le tuyau d'où elles sourdent, donne 66 degrés.

Cette fontaine se trouve dans l'intérieur, et presque au centre de la ville. Le bassin carré qui en reçoit les abondantes eaux est d'environ vingt à vingt-cinq toises de surface, et de deux pieds et demi de profondeur. Entouré de murs et bien pavé, il est toujours plein d'une eau fumante, inodore, insipide; si chaude, qu'on n'y peut tenir la main, et si transparente, qu'on distingue, dans le milieu du bassin, l'espèce de jet par lequel elle sort perpendiculairement de terre. Ce bassin se vide, sans discontinuer, par cinq ou six gros robinets.

N'y pouvant tenir la main, voulant néanmoins

la goûter, j'ai fait effort sur moi-même, et j'ai réussi, en m'échaudant, à en prendre un peu et la porter à ma bouche. Cette expérience m'a convaincu de sa parfaite insipidité. Je me suis convaincu aussi que les œufs n'y cuisent pas, comme on me l'avait dit. Elle n'est utilisée que par les boulangers, pour pétrir leur pain, et par quelques blanchisseuses; mais, dédaignée par la médecine, elle va se perdre, à peu de distance, dans l'Adour, sans avoir rendu, comme la plupart de ses pareilles, aucun service à l'humanité (1).

Du haut du pont sur lequel je traversais l'Adour en arrivant, j'observais à gauche une grande promenade plantée de beaux chênes, et à droite une allée d'ormes, conduisant le long de la rivière, à un bâtiment assez remarquable, appelé les *Bagnols*; c'est une maison de bains:

---

(1) J'apprends que depuis mon dernier passage, on a formé deux établissemens de bains, les uns froids, les autres thermaux, près de cette fontaine, dont un a été nommé *bains de Jules-César*, à cause des restes d'anciens bains romains qu'on a cru reconnaître dans le même emplacement; où l'on a trouvé, dit-on, des baignoires de marbre et diverses antiquités. J'apprends aussi qu'on travaille à fortifier Dax pour en faire une place de seconde ligne.

plusieurs sources minérales y fournissent des eaux chaudes, tempérées et tièdes. Ces bains sont salutaires pour les rhumatismes, et néanmoins peu fréquentés. Le site en est des plus gracieux, au pied d'un coteau riant et au bord de l'Adour; c'est un but de promenade pour les habitans et pour les voyageurs. On se promène très-agréablement aussi sur les vieux remparts de Dax, qui offrent la vue des campagnes environnantes (1).

L'ancien palais épiscopal est un assez joli hôtel, qui passe pour très-beau dans cette ville. Elle possède un collége, un hospice, une société d'agriculture, et un petit cabinet d'histoire naturelle, où sont réunis avec ordre les diverses productions minérales de l'arrondissement. On y remarque une espèce de basalte non prismatique, dont la nature peut laisser quelques doutes; d'autant plus qu'il ne se trouve, ni abondamment, ni accompagné d'autres élémens volcaniques. J'ai cependant observé, parmi les divers fragmens, une lave poreuse à sa superficie, et compacte intérieurement,

---

(1) Je crains bien qu'en convertissant la ville en place forte on n'achève de faire disparaître le peu qui reste de ses remparts romains.

5.

comme un basalte qui aurait éprouvé un commencement de scorification.

Ici, comme à Mont-de-Marsan, nous avons été frappés de la grâce et de la beauté du sexe. Dans l'une comme dans l'autre ville, un fichu rouge, artistement arrangé autour de la tête, forme la plus jolie coiffure du matin qu'il soit possible de voir.

Cette ville fait un assez grand commerce des productions, tant des Landes que de la Chalosse, avec Baïonne, surtout des résines et des laines. Elle a des marchés considérables pour les grains et les bestiaux, tous les samedis, et quatre foires par an, dont les époques diverses sont déterminées par le préfet et annoncées par des affiches.

Les Sarrasins la ruinèrent en 910. Charles VII la prit en 1461 sur les Anglais. Elle a vu naître de nos jours le naturaliste Borda d'Oro, et son neveu, le chevalier Borda, chef d'escadre, auteur de *la Théorie des vents*, et inventeur du *cercle de réflexion* qui porte son nom.

Dax a vu naître encore (s'il est permis de rapprocher ainsi la légèreté de la gravité), la célèbre danseuse Guimard : l'art de Terpsichore a toujours été fort cultivé et en grand honneur dans cette ville.

lieues

— *Parcouru depuis Paris*. . . . . . . . . . . 207

lieues.

Toujours sables et toujours landes. Peu de bois de pin et beaucoup de chênes qui acquièrent une vigueur extraordinaire. On extrait ici en divers endroits du gravier et même des galets pour l'entretien de la route.

Le village de Saint-Georges qu'elle traverse renferme environ soixante feux. Il est assez joli, malgré la nature sablonneuse du sol, qui ne l'empêche pas d'être entouré d'arbres. On y longe, à gauche en arrivant, une plantation de chênes qui forme une agréable promenade. En 1814, j'ai logé dans une fort bonne et assez belle auberge à la poste de Saint-Georges. Aux environs de ce village, on trouve une carrière de gypse, et, à une demi-lieue sur la droite, la fontaine minérale de Saubus.

Au milieu de la seconde distance, est le joli village de Saint-Vincent, ancien lieu de relais décrit ( page 16 ), avec la route des grandes Landes, qui s'y réunit à celle des petites, de

5*

manière qu'il appartient également à toutes les
deux (1).

Même nature de sables, depuis Saint-Vincent
jusqu'aux Cantons, village de douze ou quinze
feux, situé, comme les deux précédens, au milieu
des sables et des arbres. Les uns et les autres
continuent à régner depuis Cantons jusqu'à
Ondres, où les landes finissent tout-à-fait. Ici
les chênes-liéges viennent se mêler aux pins,
dont les forêts reparaissent dans cette distance
pour la dernière fois et pour disparaître entièrement à Ondres: C'est la seule contrée où j'ai
vu cultiver en aussi grande abondance cet arbre

---

(1) Si celle que nous venons de parcourir ne nous a pas
offert des landes moins dépouillées, des sables moins
profonds ni moins mobiles, nous avons vu que le trajet
n'en est pas aussi long à beaucoup près. De plus, le désert qui résulte de ces vastes surfaces incultes et inha-
bitée se trouve entrecoupé dans les petites Landes ( qui ne
commencent réellement qu'après Bazas ), par la rencontre
d'un grand nombre de villes, au lieu que les grandes
Landes n'en offrent aucune, dans une route de plus de
cinquante lieues. L'unique avantage qui l'avait fait préférer aussi long-temps est d'être beaucoup plus courte,
présentant une ligne presque droite d'un bout à l'autre,
au lieu que celle des petites Landes décrit un arc de
cercle dont l'autre figure la corde.

non moins précieux par son écorce que le pin par sa résine.

La manière de recueillir cette écorce n'a rien de particulier : on l'enlève tout simplement, lorsqu'elle annonce sa maturité, en se détachant elle-même, poussée et comme chassée par la seconde qui se forme dessous, pour la remplacer. Les feuilles du chêne-liége sont, ainsi que les glands et les chatons, semblables à celles du chêne-vert.

Quant à la résine, nous croyons, en perdant ici de vue les bois de pin qui la produisent, devoir faire connaître aussi la méthode employée pour l'extraire : on fait dans la tige du pin des entailles qui enlèvent l'écorce et la partie superficielle de l'aubier. C'est à travers ces plaies que s'échappe la gomme résineuse, en sortant par les pores ouverts de l'arbre, et coulant le long de la tige, au pied de laquelle on lui creuse une espèce de petite auge destinée à la recevoir. C'est un vase dans lequel elle se consolide et d'où le propriétaire la retire quand il veut.

Ces larges et longues entailles, à force de se renouveler et de priver l'arbre, tant de son écorce que de sa sève, finissent, à la longue, par les détruire. Les pins exploités en résine ne vivent pas long-temps : il n'en est pas de même de ceux qu'on destine à la mâture.

Vers les deux tiers de la distance des Cantons
à Ondres, on trouve le village de la Benne, et
l'on monte sensiblement, après la petite rivière
de ce nom, qui n'est autre chose que l'écoulement, vers la mer, des eaux de l'étang d'Orx.
Elles couvrent environ quatre mille arpens, ré-
clamés depuis long-temps par l'agriculture : les
autorités locales ont présenté des projets de
desséchement.

Les sables, qui cessent tout-à-coup peu avant
Ondres, font place à une chaîne de collines à
base de gravier et de galets, recouverts d'un lit
d'argile : telle est la couche végétale de ces collines. Les talus d'une profonde cavée ouverte
pour adoucir la montée par laquelle on arrive à
Ondres, en décèlent la nature semi-argileuse,
semi-graveleuse. C'est ici qu'après plus de cinquante lieues de sables, auxquels les yeux finissent par s'habituer, le voyageur, qui arrive par
les grandes Landes, s'aperçoit enfin que cette
immense plage n'est pas sans limites.

Ondres est un village consistant dans une
place entourée de quinze à dix-huit maisons,
après lequel on achève de gravir au départ la
colline qu'on a commencé à monter, en arrivant; cette montée a été rendue fort douce, ainsi
que la descente qui succède, au moyen des ca-
vées, des déblais et des remblais. Au bas de

cette descente, on traverse, sur une longue chaussée percée de nombreuses arcades, l'étang de
Garros, qui a plus de cent toises de large, à l'endroit du trajet; il va s'élargissant, à droite, vers
la mer, et se rétrécissant, à gauche, vers le
ruisseau qui le forme.

Le poisson de cet étang est excellent : l'eau
n'en est point salée, la mer quoique très-voisine
n'y montant pas, à cause du long détour que
parcourt pour s'y rendre, le ruisseau de dégor-
gement. Il traverse une suite de petits étangs
qui, communiquant tous les uns aux autres,
n'en font pour ainsi dire qu'un seul. Ce sont des
restes de l'ancien lit de l'Adour, lorsqu'il se
rendait à la mer, par l'embouchure du *Vieux-
Boucaut.*

Quelque peu croyable que doive paraître cette
fausse direction, d'après l'inspection de la carte,
elle n'en a pas moins existé depuis l'an 1360,
suivant Masein, auteur d'un *Essai historique sur
Baïonne*, et depuis 1437, suivant l'historien de
l'Aquitaine, Oïhénart, jusqu'en 1579, époque à
laquelle le célèbre architecte Louis de Foix la re-
porta vers le Boucaut-Neuf, où elle est aujour-
d'hui. Nous croyons faire plaisir à nos lecteurs,
en leur rapportant ici le passage d'Oïhénart qui
rend compte de cet événement mémorable.

*Abhinc ducentos circiter annos Aturri fluvii ostia (per quæ is se in Oceanum ad tria à Baïonâ milliaria exoperabat) congestis ventorum vi et marinæ tempestatis impetu, immensis arenarum cumulis, velut molibus quibusdam, obstructa fuerant; hic casus Baïonensibus, non maris solum usum abstulit, sed multò etiam graviora, incommodat, invexit, agris eorum et non exiguâ parte urbis, redundantis amnis effusionibus submersis; post aliquot tempus novo exitu flumini ad vicum Messanges, nunc (*Boucaut-Vieux*) *qui sex circiter leucis Vasconicis Baïonâ distat, comparato, Baïonenses aliquantulùm sublevati sunt* (1).

---

(1) Voici, pour l'intelligence de ceux qui ne sauraient pas le latin, la traduction de ce passage.

« Il y a deux cents ans environ, que d'immenses tas de sables, apportés par les vents et la mer, qu'agitait une violente tempête, encombrèrent l'embouchure de l'Adour, qui se jetait dans l'Océan, à trois milles de Baïonne, et arrêtèrent son cours, comme l'aurait pu faire un môle. Cet événement ne ferma pas seulement aux Baïonnais toute communication avec l'Océan, mais il fut suivi de malheurs non moins déplorables. En effet, ils virent bientôt une partie considérable de la ville et des lieux d'alentour, disparaître sous les eaux du fleuve, qui se répandait de tous côtés. Cependant, celui-ci s'étant ouvert peu à peu une nouvelle embouchure près du village de *Messanges*, connu maintenant sous le nom de *Bou-*

Cet auteur et tous ceux qui ont parlé du même événement ne s'enquièrent pas pourquoi l'Adour a remonté jusqu'à sept lieues vers le nord, pour aller se déboucher dans l'Océan, au Vieux-Boucaut, lorsqu'il trouvait sur son passage, quatre lieues avant d'y arriver, le Cap-Breton, qui lui offrait de suite une issue vers la mer, en suivant le bassin du gros ruisseau dont l'embouchure forme le port de cette petite ville. Si l'on se demande pourquoi l'Adour, repoussé de son ancienne embouchure par le banc de sable qui l'avait obstruée, cotoya la mer aussi long-temps, sans s'y jeter, on en voit la cause dans les dunes qui formaient, le long de cette côte, une chaîne de collines et une barrière impénétrable à ses eaux. Il a dû longer donc cette espèce de muraille, jusqu'à ce qu'elle lui ait offert une porte par laquelle il pût se faire jour. Mais cette porte lui était ouverte à l'embouchure de la petite rivière qui se jette dans la mer, au nord du Cap-Breton, rivière qu'il a été obligé de traverser pour arriver au Vieux-Boucaut. Il nous paraît qu'aussitôt

caut-*Vieux*, éloigné de Baïonne d'environ six lieues de Gascogne, cette ville éprouva quelque soulagement à ses maux.

arrivé à cette première issue, il a dû s'y préci-
piter en l'élargissant même, si elle était trop
étroite, auquel cas elle n'aurait fait refluer vers
le Vieux-Boucaut que son trop plein.

Je soumets cette question aux savans, puisqu'elle leur a échappé, c'est peut-être parce
qu'elle n'en est pas une pour eux, où qu'ils en
ont la solution (1). Quoi qu'il en soit, le Cap-
Breton et le Vieux-Boucaut sont deux ports
abandonnés et deux bourgs en partie dépeuplés.

Le premier n'a plus d'importance que celle
que lui donnent les vins renommés qu'on recueille sur ses dunes. Encore même ce produit
est-il bien déchu, et la culture des vignes bien
négligée depuis nombre d'années.

« Le Cap-Breton, autrefois ville célèbre, à
en juger par son enceinte, par le grand nombre
de maisons désertes ou habitées qui la composent, par celles qui n'offrent que des ruines
disséminées sur une vaste étendue de terrain,
n'est plus aujourd'hui qu'un gros bourg dont la

---

(1) M. Thore l'aborde sans la résoudre, dans son ouvrage que nous citons plus bas, en trouvant tout simple
que l'Adour ne se détournât pas devant le Cap-Breton
pour se rendre à la mer, et qu'il continuât son chemin
devant lui.

population n'est que de sept cents âmes. Il est situé sur la rive droite d'un grand ruisseau, etc. » ( *Promenade sur les côtes de Gascogne*, par M. J. Thore, page 147. )

« Le Vieux-Boucaut, dit-il ailleurs (page 104), port célèbre, lorsque l'Adour baignait ses murs, est à peine connu aujourd'hui ; et composé seulement d'une trentaine de maisons habitées. Nous disons habitées, par la raison que les autres ne le sont pas, et ne présentent que des décombres qui ne semblent subsister que pour être les témoins irrécusables de ce que fut ce bourg pendant les beaux jours de son existence, et jusqu'en 1579, époque de sa décadence, pour ne pas dire de sa ruine et de son anéantissement. »

Cet auteur ne donne pas plus que tous ceux que nous avons consultés l'étymologie du nom de *Boucaut*, qui vient évidemment du mot gascon *bouco*, qui signifie *bouche*. C'est ainsi qu'on a baptisé du même nom le hameau situé près de l'embouchure actuelle de l'Adour. On aperçoit ce dernier, des hauteurs de la route que nous parcourons, d'où l'on découvre aussi la mer. Parmi les arbres assez multipliés que nous voyons, à droite et à gauche, se montre encore le pin des Landes, par petits bouquets.

On a devant soi la perspective continuelle et rapprochée des basses Pyrénées, qui ne sont ici que de très-petites collines, dominées, vers la mer par les deux montagnes de l'Arrhune et des Trois-Couronnes. La première, à huit lieues de Baïonne, est en France, et la seconde, plus éloignée de deux lieues, en Espagne. La plus proche des deux paraît en être aussi la plus haute, soit parce qu'elle l'est réellement, soit par l'effet de la perspective. Elle a, dit-on, huit cents toises d'élévation perpendiculaire au-dessus du niveau de la mer.

Le reste de la chaîne des Pyrénées, qui va s'exhaussant, jusqu'à la région des neiges éternelles, s'éloigne du voyageur, et s'efface dans la vapeur d'un lointain, plus ou moins reculé suivant que l'horizon est plus ou moins clair.

## VILLE DE BAÏONNE.

Le faubourg du St.-Esprit, par où l'on arrive à Baïonne, n'appartient ni à cette ville, ni au département des Basses-Pyrénées, auquel elle appartient elle-même : c'est une des communes de l'arrondissement de Dax, département des

Landes. Une grande rue que la route d'Espagne parcourt dans toute sa longueur, et qui se termine à une vaste place carrée, où aboutit le pont sur lequel on traverse l'Adour, forme, avec cette place, et très-peu de rues latérales, toute l'étendue de ce faubourg. Il est dominé à l'ouest par la citadelle, qui commande en même-temps la ville, le port, la campagne et la mer (1). C'est une fort belle fortification à la Vauban; son emplacement sur une éminence escarpée, et tous les travaux qu'on y a faits, la rendent presque inexpugnable.

Le bourg ou faubourg du Saint-Esprit a la prétention d'être une ville, et cette ville d'être une des plus considérables du département des Landes, par sa population de cinq mille habitans, qui est en effet plus forte d'un cinquième que celle de Mont-de-Marsan, et ne le cède qu'à celle de St.-Sever. Quant à nous, qui ne l'avons jamais considéré que comme un faubourg de Baïonne, tout indépendant qu'il est de cette ville, nous lui trouvons l'activité et presque l'apparence d'un des faubourgs de la capitale, d'un de ses vieux faubourgs, s'entend, car on pense bien

---

(1) Vernet a fait de ce point de vue le sujet d'un de ses plus beaux tableaux de marine.

qu'il n'y faut pas chercher le faubourg Saint-
Germain ou la Chaussée-d'Antin.

Dans cette population, qui embrasse un rayon
extérieur d'une demi-lieue, sont compris plus
de deux mille juifs. Chassés d'Espagne en 1810
et repoussés par Baïonne, ils se refugièrent sur
l'autre rive de l'Adour et s'établirent dans la
commune du St.-Esprit, qu'ils ont vivifiée, et
contribuent à vivifier encore par leur activité
mercantile, dirigée en grande partie vers le
courtage. Ils concourent à faire fleurir le commerce de Baïonne même. Cette peuplade juive,
toute agglomérée dans le chef-lieu de la commune, et presque toute éparse, durant le jour,
dans les rues principales, les carrefours et la
place publique, y répand plus de mouvement,
que n'en n'offre la ville elle-même.

De tous les ponts de Paris, le Pont-Neuf est
je crois, le seul où l'on remarque une circula-
tion plus active, que sur le double pont de l'A-
dour et de la Nive, établissant la communication de Baïonne avec le Saint-Esprit. Tous les
deux sont construits en bois. Le premier, celui
de l'Adour, remplace le pont de bateaux sur lequel j'avais passé cette rivière, durant mes divers séjours à Baïonne.

Au bout de ce pont, dont le trajet est on

ne peu plus agréable, tant par le mouvement
continuel des allans et venans, que par celui
qui règne sur l'Adour, couvert de bâtimens
de commerce, et plus encore par la beauté
des points de vue, on passe sous la porte du
*Réduit* qui sépare un pont de l'autre : elle est
fortifiée et construite en bon style toscan,
sur l'extrémité de la langue de terre, au bout
de laquelle s'opère le confluent. On laisse à
gauche les allées de Boufflers, élevées en terrasse
sur la rive droite de la Nive, et abandonnées
au commerce pour les chantiers de construction, en franchissant cette rivière sur le pont
Mayou, qui conduit à la place Grammont; c'est
là que sont réunis, avec la douane et la salle de
spectacle, tout le commerce, toute l'activité,
tout l'agrément de Baïonne. De belles façades
bordent au sud cette place, qui borde elle-même
par un beau quai du côté opposé, l'Adour et
le port.

Du côté de l'ouest, elle donne entrée aux
*allées marines*, qui se prolongent à un quart de
lieue sur le bord de la rivière.

Ces allées, qui offrent pour unique perspective, la citadelle et les flancs escarpés du monticule qu'elle couronne, sur l'autre rive de
l'Adour, sont remplies de promeneurs et pro-

meneuses, tous les soirs en été, comme la place de Grammont l'est de négocians et de courtiers, tous les matins, en toute saison.

En quittant cette place pour entrer dans la ville, on voit l'activité diminuer tout-à-coup. Plusieurs rues en sont entièrement dépourvues. Toutes, à l'exception de celle où passe la route d'Espagne, sont étroites, sans l'être pourtant à l'excès. Ce qui les rétrécit à la vue, est la hauteur des maisons, élevées de trois à quatre étages. Elles sont assez bien bâties, les unes en pierre, les autres en pans de bois. Plusieurs sont bordées d'arcades qui les embellissent, et la plupart ornées de balcons et de persiennes, qui ne les embellissent pas moins.

La Nive, avant de mêler ses eaux à celles de l'Adour, dans les murs et le port même de cette ville, la sépare en deux parties à peu de chose près égales, que les géographes distinguent par les noms de *grand* et de *petit Baïonne*. Deux ponts les réunissent, les ponts Mayou et Paneco. Elles renferment chacune un petit château fort qui ne contribue que bien faiblement à leur défense.

Le seul édifice un peu remarquable est la cathédrale. Les premiers fondemens en furent jetés en 1140 suivant les uns, en 1213 suivant

les autres. Elle est petite, mais d'une élégante
construction gothique. Le palais épiscopal ne
m'a offert qu'un bâtiment ordinaire. La ville
est entourée de beaux remparts flanqués de bastions et de fossés larges et profonds , qu'on
peut remplir d'eau à volonté, le tout d'après les
dessins de Vauban. On y entre par quatre portes.
Le glacis est assez vaste pour faire manœuvrer
une garnison aussi forte que la ville peut la com-
porter. Il sert de promenade extérieure, pendant
la paix, de camp ou de parc, pendant la guerre.

On voit que Baïonne est à la fois une place de
commerce, un port de mer, et une ville de
guerre. Elle se vante de n'avoir jamais été prise,
et c'est de là qu'elle tire sa devise *nunquam polluta:* jamais souillée, ou mieux, toujours vierge ;
peu de villes en peuvent dire autant. Celle de
Baïonne n'entend sans doute faire remonter la
virginité de ses remparts qu'à l'époque de leur
reconstruction ou restauration par Vauban ; car
il nous paraît qu'elle s'est rendue à Jean-sans-
Terre, en 1199; aux Anglais, en 1472; et en
fouillant dans les premiers temps de son histoire,
on lui trouverait peut-être encore quelqu'autre
souillure de cette espèce.

Quant à son commerce, il consiste dans le double entrepôt des laines d'Espagne et des divers

6

produits, tant du département des Basses-Pyrénées que de celui des Landes ; notamment les
toiles et les mouchoirs de Béarn, les vins de l'Armagnac et de la Chalosse ; et les bois de mâture.
Elle importe, en retour, les denrées et marchandises coloniales de toute espèce.

On peut compter encore, parmi ses objets de
commerce, les eaux-de-vie d'Andaye, qui, d'a-
bord fabriquées dans la ville de ce nom, ne le
sont aujourd'hui qu'à Baïonne, ainsi que le
chocolat renommé que fabrique également cette
ville, et les jambons non moins fameux qui,
préparés dans ce département et dans la partie
méridionale de celui des Landes, portent le
nom de *jambons de Baïonne*.

Le port de cette ville donne de l'étendue et
pour ainsi dire, la vie à ces différentes bran-
ches de commerce : il expédie et reçoit des na-
vires de quatre à cinq cents tonneaux ; toutefois
ils n'entrent qu'avec peine, et seulement par
les hautes marées, non encore sans de grands
dangers et des malheurs fréquens, occasionnés
par les bancs de sable qui encombrent et barrent,
en quelque manière, l'embouchure, à l'exception d'un très-faible passage, sujet à varier à
chaque flux et reflux. C'est ce qui a obligé d'é-
tablir un pilote-major résidant au Boucaut-

Neuf, où sa tâche est d'observer les variations de la *barre*, (c'est ainsi qu'on appelle ce banc de sable) et de diriger tous les bâtimens. Il n'en peut entrer ni sortir aucun sans son autorisation.

Ce hameau, situé sur la rive droite, et, comme nous l'avons déjà dit, près de l'embouchure de l'Adour, est un lieu de halte pour les marins et un but de promenade pour les Baïonnais. A mi-chemin, on trouve la verrerie de St.-Bernard, établie dans un ancien couvent de Bernardins.

L'embouchure de l'Adour, ramenée au Boucaut-Neuf par les travaux de Louis de Foix, s'en écarta de nouveau en 1684, en se précipitant sur la gauche, vers la *Chambre d'amour*, dont nous parlerons plus bas. Ce fut le P. André Ferry qui lui fit reprendre sa direction vers le Boucaut. Deux digues en pierres de taille, construites depuis peu, accompagnent et resserrent l'Adour jusqu'à la barre. Malgré cela, elle menace de nouveau cette ville de la même catastrophe qui l'a privée de son port pendant environ deux siècles. Une fois entrés, les vaisseaux se trouvent en pleine sûreté.

Le commerce absorbe tellement les Baïonnais, qu'ils ont très-peu de temps à donner aux lettres et aux sciences, quoiqu'ils ne manquent ni de goût ni d'esprit.

6*

« A défaut de savans et de gens de lettres, (parmi lesquels je ne me rappelle aucun autre nom que celui de Duvergier, abbé de St. Cyran, ami et disciple de Jansénius ), Baïonne a produit beaucoup d'hommes distingués dans la carrière des finances et du commerce. Je citerai M. Laborde de Méréville, célèbre par la protection qu'il accordait aux lettres et aux arts, qui l'en ont noblement récompensé dans la personne de son fils ; et M. Cabarrus, qui s'est acquis une réputation si brillante, en qualité de ministre, dans un royaume voisin dont il a régi les finances. » ( *L'Ermite en voyage,* tome 1er. *p.* 92.)

Nous ajouterons à cette courte liste donnée par l'Ermite, le savant Bertrand Pelletier, mort à Paris, en 1797, à l'âge de trente-six ans, membre de l'Académie des sciences. Il travaillait au Journal d'histoire naturelle, et il a laissé des Mémoires dans les recueils des sociétés savantes dont il était membre.

Si les sciences, hors celle de la navigation (1), sont peu cultivées à Baïonne, il n'en est pas de mêmes des beaux arts ; celui de Terpsichore

_____

(1) Cette ville a de tout temps produit d'excellens marins. Elle est renommée pour la construction des vaisseaux.

surtout, y compte un grand nombre d'élèves
distingués dans l'un et l'autre sexe. Le bon ton
et le luxe y sont communs, surtout chez les
femmes, qui se font remarquer par leur grâce
et leur amabilité. J'en ai vu beaucoup, dont
les jolies bouches étaient déparées par de vilaines
dents ; mais, comme elle les montrent le moins
qu'elles peuvent, les voyageurs qui ne voient
en passant que des teints frais, de grands yeux
noirs, de belles peaux et des tailles élégantes,
le tout relevé par de brillantes toilettes, emporte des aimables Baïonnaises une opinion
extrêmement avantageuse, et quelquefois de
tendres souvenirs, qui leur ont valu les couplets
suivans, faits, dans un bal masqué, par un voyageur de Bordeaux.

> Quand l'étranger a vu Baïonne,
> Il veut y fixer son séjour ;
> Si, par caprice il l'abandonne,
> C'est pour y revenir un jour.
> Jamais cité n'eut plus de belles,
> Jamais belles n'ont réuni ;
> A tant de grâces naturelles
> Un art plus simple et plus uni.
>
> Mais c'est au bal, c'est à la danse
> Que se groupent tous les plaisirs ;
> Là, mille beautés en cadence
> Font éprouver mille désirs.

Là, plus d'un Turc charmé croit être
Dans l'heureux séjour des houris;
Le bon chrétien croit voir renaître
D'Eden l'antique paradis.

Pourquoi cacher, belle Julie,
Vos attraits sous ce domino?
C'est que Julie a la folie
D'aimer et plaire incognito.
Ici, maint procureur en robe,
Ne songe plus à son client;
Si, par habitude il dérobe,
Du moins ce n'est plus notre argent.

Que veulent ces sots personnages,
Ces vieux penards au chef branlant?
Mais quoi! sous ces hideux visages,
Chaque belle cherche un amant.
Tout s'attendrit dans cet asile,
Tous les cœurs savent s'enflammer:
La prude y devient plus docile,
Et la coquette y sait aimer.

L'ours aussi vient, à sa manière,
Faire l'aimable dans ces lieux :
Son humeur féroce et grossière
S'adoucit devant deux beaux yeux.
Ce n'est plus l'ours des Pyrénées,
Son caractère est tout changé;
Joli troupeau, tes destinées,
Ne seraient pas d'être mangé.

Est-ce par un charme magique,
Que de tant d'attraits confondu,
L'ensemble heureux et sympathique
Séduit mes sens irrésolus !
Mon œil s'égare sur chacune,
Et, dans un doux enchantement,
Je crois, puisqu'elles n'en font qu'une,
N'en aimer qu'une en les aimant.

Des Grâces c'est le groupe aimable
Qui se multiplie à mes yeux :
On en compte trois dans la Fable,
On en compte mille en ces lieux.
Le siècle d'or règne à Baïonne,
Des Jeux, des Ris c'est le séjour :
Vous plaisez, nymphes de Garonne,
Mais vous charmez, nymphes d'Adour.

Ce n'est pas seulement les femmes du bon
ton, qui se font remarquer par l'élégance de
la toilette et de la tournure ; le dimanche leur
nombre est augmenté d'une foule d'ouvrières et
et de grisettes, qui, laissant dans leurs ateliers
les costumes de la semaine, se montrent ce jour-
là dans les promenades et mêmes dans les bals,
de manière à faire confondre tous les rangs et
outes les toilettes.

Il est une troisième classe qui ne fixe pas moins
l'attention des voyageurs, par sa toilette plus
simple, tout aussi propre et plus gracieuse peut-

être encore : je veux parler de ces jolies Basquaises aux tailles sveltes et bien prises, aux
figures vives et piquantes, aux fichus de mousseline blanche et fine, élégamment arrangés autour de la tête ; qui viennent faire à Baïonne
l'état de servantes et surtout de bonnes d'enfans.
Les jeunes Basquaises de village, qui fréquentent
les marchés, ne le cèdent en rien à celles de la
ville, dont elles ont tout le costume et toutes
les grâces. Elles offrent dans les rues un contraste parfait, avec les paysannes des Landes,
aux grands et maussades chapeaux de feutre,
aux têtes sans expression et sans beauté, aux
visages plombés et flétris. La même différence
de physique et de costume se montre parmi
les hommes des deux pays, à la berrette près,
que portent les Landais comme les Basques ;
mais c'est la seule ressemblance.

Le voyageur arrivant à Baïonne le matin ou le
soir d'un jour de marché, par la route des Landes, est aussi frappé de la laideur des femmes
et des hommes qu'il rencontre sur ses pas, que
celui qui arrive par la route d'Espagne est en-
chanté de l'élégance et de la beauté des Basques,
dans l'un comme dans l'autre sexe.

L'origine de cette ville est peu connue et peu
ancienne, suivant les uns, antérieure à Jésus-

Christ selon les autres. Son nom latin de *La-purdum* s'est conservé jusqu'au dixième siècle, où elle reçut le nom de Baïonne, ce qui fait croire à quelques auteurs, que son existence date de cette époque. « Dès l'an 511, l'historien de Clovis nous apprend ( *tome premier page 463* ), que ce prince appela l'évêque de Baïonne au concile tenu à Orléans, le 10 juillet de cette année. Grégoire de Tours fait aussi mention de *Lapurdum*, dans l'accord fait entre les rois Childebert et Gontran. Iscassicus paraît avoir été le premier évêque de *Lapurdum* au quatrième siècle, et saint Léon le premier de Baïonne en 900.

» Le nom de Baïonne, dit d'Anville, ayant succédé à celui de *Lapurdum*, le canton renfermé entre l'Adour et la Bidassoa, a retenu le nom de Labourd; et c'est par ignorance que dans quelques cartes, il est écrit *Labour*, comme on pourrait l'écrire d'une terre à labourer. Le nom de *Bai-ona* est tiré de la langue basque, dans laquelle *Baia-una*, signifie un port. » ( *Notice de la Gaule par d'Anville.* )

Quoi qu'il en soit de son ancienneté, quelques titres modernes ont marqué sa place dans l'histoire de France : d'abord l'invention de la baïonnette,

Cette arme que jadis pour dépeupler la terre,
Dans Baïonne inventa le démon de la guerre.

Ensuite l'énergique et glorieuse réponse de
ce commandant de Baïonne, Adrien Daprè-
mont, vicomte d'Orthez, à Charles IX, qui lui
avait ordonné de faire massacrer tous les protestans.

« SIRE,

« J'ai communiqué le commandement de
» Votre Majesté à ses fidèles habitans et gens
» de guerre de la garnison. Je n'y ai trouvé que
» bons citoyens et braves soldats, mais pas un
» bourreau; c'est pourquoi eux et moi supplions
» très-humblement Votre Majesté de vouloir
» employer nos bras et nos vies à choses fai-
» sables. »

Baïonne ne peut plus se vanter de sa devise :
*nunquam polluta*, depuis que de nos jours elle
a été le théâtre d'un des actes les plus perfides
de l'ambitieux Buonaparte. C'est dans ses murs
qu'il attira le roi d'Espagne Charles IV, et son
fils Ferdinand VII, aujourd'hui régnant, pour
les dépouiller de leur royaume. Le ciel paraît
l'en avoir puni, en faisant dater de cette époque
sa décadence et ses revers.

Cette ville fut bloquée, en 1814, par les Anglais réunis avec les Espagnols, et commandés par lord Wellington. Il avait établi une telle discipline, qu'il était accueilli partout comme un libérateur. Si son passage dans le territoire de Baïonne y a laissé quelques traces, funestes et inévitables effets de la guerre, il n'a pas « tout détruit dans un rayon d'une lieue, ni fait disparaître toutes les maisons de campagne, » comme l'assure *l'Ermite en province* ; car, ayant passé, peu de mois après, dans le pays, nous ne vîmes pas toutes les ruines dont il peuple les environs de Baïonne, et nous nous promenâmes même dans le château ( ci-devant impérial ) de Marrac, qui existait par conséquent encore, malgré tous les titres de son trop fameux propriétaire à la vengeance de ses ennemis (1).

Cette ancienne capitale du pays de Labourd, devenue le chef-lieu d'un des arrondissemens des Basses-Pyrénées, renferme, avec le tribunal civil, un tribunal de commerce, un évêché, un

_____

(1) Cette petite infidélité de l'Ermite, jointe à quelques autres, notamment à une certaine allée qu'il a vu au château de la Brède, où elle n'existe plus depuis long-temps, nous a convaincus qu'il a exécuté ses voyages dans la Chaussée d'Antin.

hôtel des monnaies, et une école de navigation.

Outre les trois lignes de poste qui y aboutissent, elle a une grande route de dix lieues sur Saint-Jean-pied-de-Port, décrite ci-après, (2ᵉ. *route de Paris en Espagne*).

Les environs de Baïonne, très-vantés par beaucoup d'auteurs, ne sont vraiment agréables qu'en remontant les bords de la Niye ou ceux l'Adour. En redescendant cette dernière rivière, confondue avec l'autre, on ne trouve que des sables, des dunes et des marais jusqu'à son embouchure. Sur la rive septentrionale, ces sables, ces marais et ces dunes se prolongent à l'infini dans le département des Landes, qui se prolonge lui-même jusqu'à cette rive; sur l'autre bord, les sables et les dunes vont expirer tout-à-coup aux collines d'Anglet et de Biaritz, qui ne sont guère moins dépouillées d'arbres que les dunes; au point qu'on s'y chauffe avec la tourbe. Malgré cette nudité, les bains de Biaritz et la Chambre d'amour sont des objets de curiosité, et d'agréables buts de promenade, pour les voyageurs qui séjournent à Baïonne. Nous allons en reparler, en parcourant la route de cette ville à Saint-Jean-de-Luz.

Le château de Marrac est aussi un but de promenade, ne fût-ce que pour y jouir du beau

coup-d'œil qu'offre la vallée de la Nive, vue
des terrasses du château.

Cette vallée si jolie à voir, n'est pas moins
intéressante à parcourir; les curieux aiment à
y remonter la Nive, les uns jusqu'à la petite et
commerçante ville d'Ustaritz, à trois lieues de
Baïonne, les autres jusqu'au bourg de Cambo,
situé un peu plus haut, à l'endroit où finit, avec
la marée, la navigation de la rivière. Ce bourg
renferme deux sources minérales, l'une mar-
tiale, l'autre sulfureuse. Un site agreste, des
promenades agréables, quoique bornées par une
chaîne de montagnes successives, y offre aux
regards l'aspect le plus imposant et le plus varié.
Au nord, c'est une plaine fertile; à l'est, une
immense quantité d'arbres de haute futaie, de
monticules ornés de chênes antiques et de châ-
taigniers, dominant d'immenses prairies ar-
rosées par la Nive. On remonte quelquefois la
vallée jusqu'à St.-Jean-pied-de-Port et jusqu'aux
sources de la Nive, formée par la réunion des
torrens qui descendent des Pyrénées.

Ces bourgs et villes basques ne sont pas le
seul intérêt qu'offre aux voyageurs la vallée de
la Nive : ses aspects sont délicieux. Ce sont, d'a-
bord des collines tapissées de prés, de bosquets,
de vergers, et parsemées de maisons de cam-

pagne; ensuite, des montagnes non moins intéressantes pour le botaniste que pour le miné-
ralogiste.

L'eau de la Nive serait, à Baïonne, en cas de
siége, la ressource des habitans, qui, n'ayant
qu'une fontaine, sujette à tarir en été, envoient
chercher leur eau, soit au St.-Esprit, soit à la
fontaine deSt.-Léon, située du côté opposé, hors
de la ville, à l'endroit où S. Léon a reçu le
martyre. Les eaux de l'Adour sont moins po-
tables, ses bords moins agréables et moins pitto-

Quoique Baïonne soit une des deux portes
méridionales de la France, cette ville est néanmoins assez éloignée de la frontière pour qu'il
reste encore trois relais et treize lieues de là
jusqu'à la première poste d'Espagne.

Nous allons les parcourir à travers une chaîne
de collines semi-argileuses et semi-graveleuses,
comme celles d'Ondres, où nous avons quitté les
sables des Landes, pour les contrées montueuses
qui forment comme le premier échelon des
Basses-Pyrénées.

Au sortir de la porte d'Espagne, on traverse

un chemin qui conduit à droite le long des
glacis, aux allées marines, et à gauche, au château de Marrac, dont nous avons déjà parlé.
Plusieurs maisons de campagne sont disséminées sur le penchant des coteaux, qui, mé-
diocrement et inégalement fertiles, sont diver-
sement cultivés. Chemin faisant, on rencontre
de loin en loin des pierres, déclarées basaltiques
par le savant Borda, et peu abondantes sans
doute, ou du moins peu caractérisées, puisque,
habitués à en voir et les connaissant fort bien,
nous ne les avons remarquées à aucun de nos
passages.

Parvenu sur les hauteurs, l'immense Océan
se déploie tout-à-coup : quel imposant spectacle !
C'est ici que j'en ai joui pour la première fois,
il y a près de trente ans ; et le souvenir de l'impression que j'en éprouvai ne s'effacera jamais.
Il produisit sans doute le même effet sur M. J.
Thore, auteur de la *Promenade sur les côtes de
Gascogne*, déjà cité, lorsqu'il s'écrie : « Nous
voudrions retracer les émotions que nous éprou-
vâmes la première fois que nous jouîmes de ce
plaisir ; mais un tel tableau est au-dessus de
nos forces ; nous le léguons à quelque rival de
Sterne, de Thompson, ou d'Ossian. »

Vers le quart de la distance, on trouve le joli

bourg d'Anglet, qui s'étend jusqu'à la côte, où il a un petit port de pêcheurs, situé entre l'embouchure de l'Adour et la *Chambre d'amour*. Ce nom rappelle une aventure amoureuse, imaginée sans doute, ou dont l'imagination s'est emparée pour l'embellir et la faire ressembler à celle d'Héro et Léandre, que la fable a tant célébrée. Quoi qu'il en soit, une vieille tradition veut que cette grotte tire son nom du malheur de deux amans à qui elle avait offert un refuge contre le courroux d'un père opposé à leur union. Ivres du bonheur d'être ensemble, chacun des deux ne voyait que l'objet aimé et ne songeait pas à la marée qui remplit cette grotte deux fois par jour : des montagnes de vagues vinrent les engloutir.

Le bourg d'Anglet est populeux et connu à Baïonne par ses bons vins. Ils sont, comme ceux du Cap-Breton, les produits des sables qui encombrent cette partie de la côte, depuis l'Adour; plage sablonneuse qui présente, sur cette rive, le même aspect que la rive septentrionale, et finit brusquement à la Chambre d'amour. C'est là qu'on voit commencer les rochers et les collines de la presqu'île, avant d'avoir atteint encore le fond du golfe de Gascogne où commence la presqu'île elle-même.

Le calcaire coquillier compose la nature de
ces rochers, dont plusieurs, extrêmement escarpés, présentent d'énormes masses et des an-
fractuosités nombreuses, où les flots de la mer,
gonflés par la tempête, viennent se briser avec
un fracas épouvantable. C'est dans ces momens
qu'il faut la voir, c'est alors que cette route,
élevée en terrasse sur l'Océan, est vraiment
dans toute sa beauté. Elle n'est d'ailleurs belle
que de cette magnifique perspective maritime,
et de celle des basses Pyrénées, qui montrent,
en face et à gauche, leurs cimes diversement dé-
coupées, plus souvent noirâtres que neigeuses.
Montueuse par sa nature comme la contrée,
cette route traverse d'abord des campagnes peu
intéressantes par elles-mêmes, puis des landes,
avant d'arriver aux terres cultivées de Biaritz,
village situé à mi-chemin de Bidart, entre la route
et la mer, bordée ici de la même chaîne de
rochers dont celui de la Chambre d'amour nous
a offert le premier chaînon.

Ce lieu est cher aux Baïonnais par la facilité
qu'il leur offre de prendre des bains de mer
dans les creux de rocher. Durant la belle saison,
on rencontre à chaque pas, des caravanes de
baigneurs et de baigneuses, qui font la partie de
plaisir d'aller se plonger dans la mer à Biaritz.

Leur manière d'exécuter cette promenade est curieuse. Deux personnes sont assises en balançoire sur les siéges ou plutôt les paniers adaptés et suspendus des deux côtés, au bât d'un petit cheval ou mulet. Le conducteur, ou la conductrice, dirige sa bête, soit à pied, soit à califourchon sur le bât, si elle n'est pas très-chargée, ou bien sur un des deux siéges, pour faire le contre-poids de l'autre, s'il n'a qu'une personne à transporter, et point de marchandises à mettre du côté opposé. C'est ce qu'on appelle aller en *cacolette*. On trouve de ces cacolettes stationnées à la porte d'Espagne, pour aller à Biaritz, comme nous trouvons au pont Louis XVI, à Paris, des cabriolets pour aller à Versailles, St.-Cloud, etc. ou mieux encore, comme nous avons trouvé des ânes et mulets au pied du mont Vésuve pour monter au sommet.

Biaritz est un lieu peu considérable, quoique la commune soit peuplée d'environ mille habitans. Il paraît avoir été plus important autrefois.

« Dans une masure de ce village, dit *l'Ermite en province*, naît un enfant qui n'entend et ne parle, jusqu'à douze ans, que sa langue maternelle ; je ne sais quelles circonstances l'amènent à Paris : il étudie avec assez de succès le français et l'anglais, pour traduire, mieux

qu'il ne l'avait encore été, l'Essai sur l'homme
de Pope. Cette traduction qui le fait connaître,
le conduit, je ne sais comment encore, au
ministère des finances; il en sort plus brusquement qu'il n'y est entré, et depuis lors, on
n'entend parler de lui, ni dans les finances, ni
dans les lettres, ni en France, ni dans le pays
basque. Voilà toute l'histoire de M. Silhouette.
Les uns disent qu'il se cacha pour n'avoir pas à
rougir de sa chute; les autres, qu'il eut peur des
hommes, après les avoir vus et connus dans ces
repaires éclatans de toutes les passions humai-
nes. Cette dernière explication n'est pas la moins
vraisemblable. » Je rapporte ce fait assez piquant,
dont on ne m'a jamais parlé dans le pays, sur la
foi de l'Ermite, mais sans garantie.

A mi-chemin de Biaritz à Bidart, on longe
à droite un petit lac, qui produit d'excellent
poisson. Il ne doit pas ses eaux à la mer, comme
la plupart des étangs qui la bordent, il la domine. Sa forme est celle d'un entonnoir et ressemble à un ancien cratère. Le courant du
ruisseau par lequel il se dégorge, fait aller un
moulin. Ce lac est entouré de tourbe de fort
bonne qualité. On se rapproche de la mer à Bidart, village de près de deux cents maisons
éparses ou groupées en petits hameaux.

7*

Le pays, toujours légèrement montueux, est aussi toujours dépouillé d'arbres et sans intérêt. Mais on ne cesse d'avoir la double perspective, et de la mer dont on est plus près que jamais, au point de la côtoyer immédiatement, et des Pyrénées dont on se rapproche toujours. Elles ne sont ici que des collines auprès du reste de la chaîne, qui va s'exhaussant graduellement jusqu'à ses plus hautes sommités. Nous verrons celles-ci commencer dans le département même des Basses-Pyrénées, lorsque nous parcourrons la route de Pau; mais on ne découvre d'ici ni leurs neiges éternelles, ni leurs pics escarpés: des dos-d'âne et quelques mamelons, ordinairement nus, ou couverts seulement de tristes et arides pâturages, telles sont les basses Pyrénées qu'on voit ou qu'on côtoie sur cette route.

Quant aux collines qu'on y traverse fréquemment, élevées de quelques toises au-dessus de la mer (de quinze à vingt tout au plus), elles ne méritent le nom de Pyrénées, que parce qu'on voit évidemment qu'elles en sont des ramifications: c'est leur base occidentale. Elles offrent aussi beaucoup de terres en friche, ce qui prouve leur infertilité; car l'industrie laborieuse des Basques ne refuserait point ses bras à une nature

qui ne lui refuserait pas elle - même ses dons. lieues.
— *Parcouru depuis Paris*. . . . . . . . . . . 225

§ 73. *De Bidart à St.-Jean-de-Luz*. . . . . . 3

Au bout d'un quart de lieue, nous traversons, sur un pont long et remarquable, la petite
rivière de *Houaboa*, qui n'est ici quelque chose
qu'à l'aide du reflux de la mer. Nous y arrivons
par une assez forte descente suivie d'une montée
semblable.

On ne s'éloigne plus des bords de l'Océan. Le
voyageur qui s'occupe d'histoire naturelle, peut
faire ici une ample collection de coquillages curieux, ainsi que de plantes alpestres et marines.
Le géologue ne pourra manquer de reconnaître
qu'il parcourt un immense banc de galets et de
cailloux roulés, semblable à celui que nous avons
observé de l'autre côté de l'Adour, et sur lequel
est assis le village d'Ondres. Ce banc reparaît
sur toutes les hauteurs qu'on franchit entre
Baïonne et St.-Jean-de-Luz. On ne doit pas s'é-
tonner qu'avec de pareils élémens, elles soient
aussi stériles.

On parcourt, néanmoins la première lieue
dans un pays cultivé, et tellement habité que ce
n'est en quelque manière qu'une suite conti-

nelle de hameaux et de villages, jusqu'à celui de Guéthary. Toutes les maisons sont en pans de bois ou torchis, et toutes d'une blancheur éclatante. La plupart se présentent par un large pignon en saillie, recouvrant un grand balcon peint en rouge : c'est la façade de la maison. Les contre-vents, les portes, les croisées, enfin la partie visible de la charpente, tout est également peint en rouge : tel est luxe des paysans basques. Si ce n'est pas du goût, c'est au moins de la propreté ; mais pour bien la juger, il faut s'introduire dans ces habitations rustiques. Tout y est en ordre et à sa place ; tout y est lavé, frotté, essuyé, tout y est brillant d'aisance et de bonheur. On se croirait, sinon en Hollande, du moins en Suisse, où je me rappelle avoir vu des pignons semblables, reposant sur de long balcons, et formant les façades des habitations rustiques, dont l'intérieur n'offre pas moins de propreté. Ce n'est peut-être pas le seul point de ressemblance qu'on pourrait remarquer entre ce peuple et les Suisses. On ne doit plus s'étonner de l'élégance villageoise des Basques et Basquaises, que nous avons déjà remarquée à Baïonne.

St.-Jean-de-Luz.

La ville de Saint-Jean-de-Luz, célèbre par le mariage de Louis XIV avec Marie-Thérèse, Infante d'Espagne, est située au fond d'une

petite baie et à l'embouchure d'une petite rivière qui, recevant la marée, s'élargit ici en bras
de mer. Cette ville en occupe la rive droite; elle
est réunie avec le bourg de Sibourre, situé sur
la rive gauche, par un pont plus long qu'il n'est
beau.

Pour garantir la ville et le port, les deux
côtés de la rivière étaient garnis de quais très-
larges, construits sur le modèle de ceux du
Boucaut-Neuf; mais, soit qu'ils fussent moins
solides, soit qu'ils aient eu plus à lutter, je les
ai vus, à mon dernier passage en 1814, extrêmement endommagés sur plusieurs points. Ils ont
encore depuis reçu de nouvelles et violentes at-
teintes, d'après ce que nous en ont appris nos
renseignemens. Défendue par ces travaux de
l'impétuosité de l'Océan, la ville de Saint-Jean-
de-Luz n'est plus en sûreté sans eux. Serait-
elle destinée à succomber sous les efforts de ce
redoutable ennemi, par l'insuffisance ou l'inu-
tilité de ceux que l'on fait pour le combattre?
Déjà deux fois elle a couru ce danger en 1777
et 1782, par la rupture des quais et des digues
qui la défendaient à cette époque; plusieurs
nouvelles tempêtes ont renouvelé depuis les
mêmes dangers.

Elle ne serait pas moins à regretter pour la

France, dont elle est, en quelque manière, une espèce d'avant-porte, au-delà de Baïonne, que pour elle-même, vu son ancienneté, sa population toute maritime, son commerce et son port qui sert de relâche aux vaisseaux. Ses anciennes digues ont été détruites par la mer, et les nouvelles n'ont pas été plus respectées. Tout ce qu'on a fait et qu'on a pu faire jusqu'ici pour s'y opposer a été rendu vain par l'inégalité des forces : chaque nouvelle tempête amène de nouveaux désastres. Les ingénieurs ont eu le chagrin de voir détruire, anéantir sous leurs yeux, non seulement les nouveaux travaux qu'ils venaient d'achever, et qui semblaient, par leur solidité, devoir durer éternellement, mais encore les réparations qu'ils s'étaient hâtés d'y faire. Les chaussées et culées du pont de Sibourre, le pont lui-même, avaient considérablement souffert; presque toutes les maisons qui bordent le fort de Socoa étaient désertes ou tombaient en ruines; les autres n'étaient pas éloignées de subir, et ont peut-être subi déjà, le même sort (1). Le bourg de Sibourre pré-

---

(1) Nous venons de lire dans le Journal des Débats du 21 décembre 1822, l'article suivant.

« La ville de Saint-Jean-de-Luz est sur le point de

sente un aspect fort triste , et tout annonce sa ruine prochaine.

La ville n'est guère fondée à compter sur une plus longue existence ; sa population, qui se vante d'avoir atteint le nombre de quatorze mille individus, au temps de Louis XIV, était à peine de deux mille, en 1814, et celle de Sibourre de mille cinq cents : ce qui lui reste de maisons est assez bien construit en pierre.

On ne peut que souhaiter aux habitans, au lieu du courage de disputer sans cesse à la mer un terrain qu'elle réclame d'une manière si impérieuse, et d'une voix si effrayante, celui de le lui abandonner entièrement, pour trans-porter leurs pénates sur les hauteurs qui les entourent. De là, ils verront à leurs pieds s'ex-haler désormais en vains efforts, l'ennemi qui

devenir le domaine de la mer. La digue, que le gouvèr-nement avait fait construire pour arrêter les ravages que les flots opèrent de ce côté, a été coupée à la suite des mauvais temps qui viennent d'avoir lieu. Cette digue , dont les pierres étaient énormes, et que des barres de fer liaient entr'elles, n'a pu résister à la force des vagues, et a disparu en partie. Les habitans sont dans la conster-nation, mais le gouvernement veille sur leur sûreté ; car on assure que de nouveaux travaux vont être commencés, et qu'ils seront poursuivis avec activité. »

menace de les engloutir. Alors, loin de s'opposer aux ravages de l'Océan, ils n'auront qu'à
seconder ses moyens de destruction, et bientôt
une magnifique baie prendra la place d'une
ville toujours menacée, et par conséquant toujours malheureuse.

Le commerce bien déchu de St.-Jean-de-
Luz consiste principalement dans la pêche de la
morue et de la sardine, et dans l'entrepôt pour
l'Espagne. Cette ville a formé et a produit dans
tous les temps d'excellens marins, qui ont
fourni plusieurs grands capitaines de vaisseau;
et un ministre de la marine, M. Dalbarade. Ils
se sont distingués aussi dans la pêche de la ba-
laine : on assure qu'ils furent les premiers qui
osèrent poursuivre et attaquer ce monstrueux
cétacée jusque dans les glaces du pôle.

C'est à St.-Jean-de-Luz que l'idiôme basque
est parlé avec le plus de pureté; ce qui donne à
cette ville la prétention d'être le Paris du pays
basque. — *Parcouru depuis Paris.* . . . . . . . 228

Trajet de la Nivelle en partant, et du bourg
de Sibourre qui est à la suite. Même nature de

route montueuse, même contrée peu fertile et
peu cultivée, beaucoup de landes et de pâturages sur les sommets et les pentes des collines,
quelques prairies au pied et dans les vallons,
peu de champs, encore moins de vignes. La
végétation spontanée d'une grande quantité de
vignes sauvages serait-elle, pour les habitans de
cette contrée, un avis de la nature ?

Plus on se rapproche de l'Espagne, plus on
s'enfonce dans les friches et les landes, comme
si le voisinage de ce peuple inhabile à l'agriculture commençait à faire sentir ici sa conta-
gieuse influence. Mais non, la frontière d'Espagne ne sépare pas ici deux peuples, elle divise
seulement le peuple basque en Basques français
et Basques espagnols : nous allons trouver la
même langue et les mêmes mœurs au-delà,
qu'en-deçà de la Bidassoa.

Orogne est le dernier lieu appartenant aux
Basques français, et le dernier relais de France.
C'est un petit et assez triste village, d'environ
cent feux, et un pays de foin. Il n'est pas très-
éloigné du pied de la montagne de l'Arrhune,
que nous avons aperçue avant Baïonne, et que
nous avons toujours en perspective, avec celle
des Trois-Couronnes, depuis notre départ de
cette ville.

Entre Orogne et la Bidassoa , on longe le
pied de la montagne dite de Louis XIV ; elle est
nommée en langue basque *Bancarboa*. A droite
du pont de bois sur lequel on passe la *Bidassoa*, est l'île des Faisans aujourd'hui presque détruite. Elle devint célèbre dans le dix-septième
siècle , par la conférence tenue entre les deux
ministres de France et d'Espagne , Mazarin et
don Louis de Haro ; conférences dont le résultat
fut ce fameux traité des Pyrénées , qui rendit la
paix aux deux royaumes , en 1659. C'est aussi
là qu'eut lieu l'entrevue des deux monarques,
lorsque le mariage de Louis XIV avec l'Infante
Marie-Thérèse d'Autriche fut décidé.

Un poste de douane , françaises en-deçà du
pont, espagnoles au-delà, auquel se joint un
double poste militaire, en temps de guerre : tels
sont les signes auxquels on s'aperçoit qu'on
franchit une frontière , en passant ce pont, construit et entretenu aux frais des deux gouver-
nemens. La marée monte dans cette rivière de
dix à douze pieds. Près de l'embouchure , sont
les deux villes d'Hendaye , en France , et de
Fontarabie en Espagne.

Hendaye, ancienne source des eaux-de-vie de
ce nom, n'est plus aujourd'hui qu'un village,
et même fort misérable , depuis que ce lieu

a été pris et saccagé par les Espagnols, en 1793. J'en ai parcouru les ruines en 1814. Fontarabie était une ville de guerre, une des clefs de l'Espagne. Petite, mais bien fortifiée par l'art et la nature, elle fut assiégée inutilement par les Français en 1638. Moins heureuse dans les dernières guerres, elle a été prise et démantelée.

Irun, où conduit une espèce d'avenue d'une demi-lieue, à partir du pont, est une petite ville ou un bourg, comme on voudra, qui n'a ni fortifications, ni rien qui puisse intéresser le voyageur, sinon d'être le premier relais de l'Espagne sur cette route, et de posséder une église paroissiale assez belle, riche surtout d'ornemens et de dorures. Des rues sales autant que tortueuses, et cent cinquante maisons mal bâties : telle est la triste bourgade par laquelle on fait son entrée dans la monarchie espagnole.

Nous avons dit que c'était toujours le même peuple basque, la même langue et les mêmes mœurs ; ce ne sont pas cependant les mêmes costumes. Nous ne parlerons que de celui des femmes ; elles tressent leurs cheveux en longues nattes qui retombent sur leurs épaules, et placent sur leur tête une espèce de bonnet de soie ou de mousseline fort léger, qui, flottant par derrière, et non sans grâce, en forme de filet, voltige autour de leur cou. Elles portent en même temps des colliers de corail avec de grands pendans d'oreilles, soit de la même matière, soit en or ou en perles. Leur vêtement ordinaire est un juste-au-corps, à manches serrées. J'ai vu sous ce costume des brunes très-piquantes.

Nous avons laissé la montagne de l'Arrhune à peu de distance d'Orogne, sur notre gauche; nous laissons du même côté, à peu de distance d'Irun, celle des Trois-Couronnes.

Nous ne conduirons pas plus loin notre voyageur; et nous l'estimons heureux, lorsque nos limites, qui sont celles de la France, nous forcent à l'abandonner, de trouver un guide dans M. Laborde, qui a exécuté pour l'Espagne, à très-peu de chose près, le même ouvrage que nous travaillons à confectionner pour la France.

Cependant, après l'avoir mené jusqu'à la première ville d'Espagne, nous ne le quitterons pas sans lui faire remarquer qu'il y serait encore sur nos terres, si la nature avait été consultée dans la délimitation des empires; car alors, non seulement la Bidassoa, mais encore tous les affluens qu'elle reçoit, et toutes les eaux qui ont leur versant du côté de la France, devraient lui appartenir, jusqu'aux sommets de la chaîne centrale d'où elles descendent, pendant que toutes les eaux du versant opposé appartiendraient seules à l'Espagne, ce qui reculerait sur ce point nos frontières jusqu'à St.-Esteven et Oyarzun. Alors la route que nous suivons n'entrerait en Espagne qu'en franchissant la petite rivière d'Oyarzun, qui remplace ici la chaîne centrale, et la route de Pampelune, qu'en franchissant, entre Bonnetta et Lans, le col ou *port* qui forme la séparation des eaux.

Nous n'entendons pas en cela voter pour de nouvelles conquêtes; mais seulement indiquer, en cas de nouveaux partages, de meilleures limites que celles des conquérans ou des plénipotentiaires, celles de la nature.

— *Parcouru depuis Paris jusqu'à Irun* . . . . . 235 lieues.

FIN DE LA 2<sup>e</sup>. ROUTE DE PARIS EN ESPAGNE.

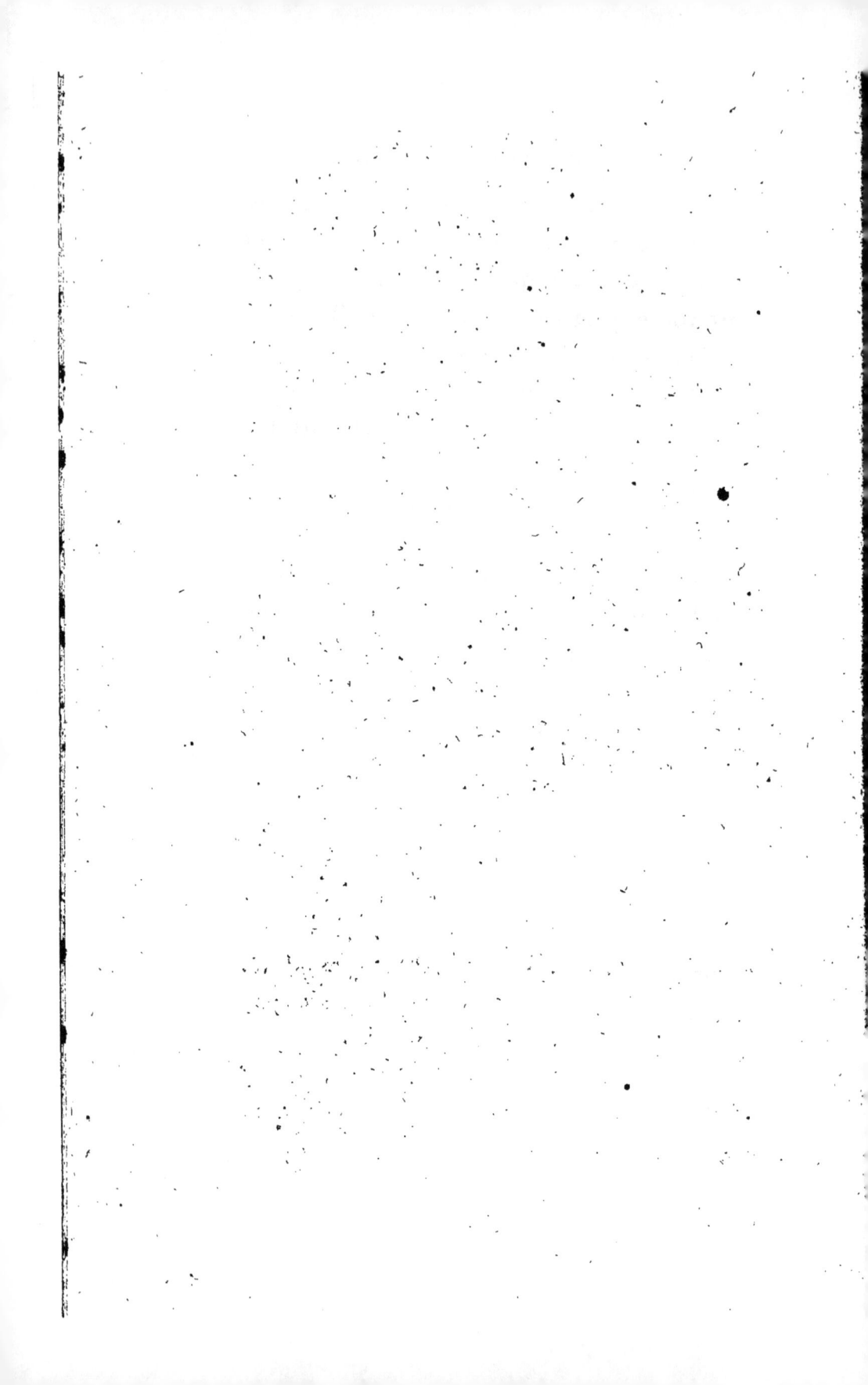

# TROISIÈME ROUTE

## DE PARIS EN ESPAGNE,

### Par Bordeaux, Mont-de-Marsan, Orthès et Saint-Jean-pied-de-Port,

#### JUSQU'A RONCEVAUX.

#### 227 lieues.

---

*Depuis Paris jusqu'à Mont-de-Marsan. (v. 2ᵉ. rᵗᵉ de Paris en Espagne.)*      lieues.

*63 Paragraphes* . . . . . . . . . . . . . . 193

CETTE route, qui, non encore confectionnée, n'a jamais été, et ne sera jamais sans doute, montée en ligne de poste, ne trouve ici sa place que comme offrant une de nos plus anciennes communications avec l'Espagne, et comme importante encore sous le rapport militaire. Toutefois, nous lui consacrons moins de détails qu'aux autres, nous bornant à en faire connaître les lieux principaux et même d'une manière plus succincte.

---

§ 64. *De Mont-de-Marsan à Saint-Sever.* . . 4 ½

Une longue ligne droite à travers une vaste

8

et riche plaine à blé, conduit le voyageur, sans
rencontrer un seul village, à Saint-Sever, l'un
des chefs-lieux, et la plus considérable ville
du département des Landes, par sa population
de cinq mille habitans. Elle est agréablement
située sur la rive gauche de l'Adour, dont la
navigation arrive jusque-là, et sur une hauteur
qui lui procure, avec un air des plus purs, un
horizon des plus étendus.

On traverse en arrivant la route de Tartas à
Aire, et immédiatement après, l'Adour sur un
très-beau pont. La ville de Saint-Sever, aussi
propre que bien bâtie, offre à la curiosité une
magnifique terrasse, à l'instar de celle de Saint-
Germain. On y découvre une perspective d'un
effet admirable, quoiqu'elle ne soit point tournée
du côté des Pyrénées. Elle dépendait de l'abbaye des Bénédictins, fondée en 993, par Guillaume Sanche, duc des Gascons, pour remer-
cier Dieu de la victoire qu'il avait remportée
contre les Normands. Cette abbaye a donné son
nom à la ville.

« On a qualifié Saint-Sever (dit Piganiol)
capitale de Gascogne, comme étant le chef-lieu
du pays que les Gascons habitaient. » Le même
auteur baptise cette ville du nom de *Severopolis*,
et de *Fanum Sancti Severi*. Elle a vu naître le

bénédictin Don Martianay, savant dans les langues grecque et hébraïque, mort d'apoplexie à Paris, le 16 juin 1717, à l'âge de soixante-dix ans ; et le dominicain Antoine Cloche, élu général de son ordre en 1686, mort à Rome en 1720, âgé de quatre-vingt-quatorze ans.

Cette intéressante ville, qui possède, avec sa sous-préfecture, un tribunal civil, renferme encore des habitans très-érudits et une fort bonne société. Elle présente aussi toutes les ressources et tous les agrémens des grandes cités.

*Parcouru depuis Paris.* . . . . . . . . . . . 197 ½  lieues.

---

§ 65. *De Saint-Sever à Hagetmau*.. . . . . . 3

Après la rivière du Gabas, qu'on traverse au commencement de cette distance, la route parcourt une contrée moins unie et une route moins droite ; on entre dans les collines argileuses de la Chalosse.

Hagetmau est une petite et jolie ville de près de trois mille habitans, et d'une situation charmante sur la rive droite du Loust. C'était autrefois le rendez-vous de la noblesse du pays. Des foires considérables, et les courses de taureaux qu'on y faisait à l'instar de celles de l'Espagne, y attiraient une grande affluence d'étrangers,

8*

venus des pays circonvoisins. Elle possède de
nombreuses tanneries, et conserve un beau château gothique appartenant à l'illustre famille de
Grammont. On assure que François I<sup>er</sup> y a logé
à son retour d'Espagne.

Les environs abondent en gibier, en ortolans
sur-tout, qui y passent deux fois l'année. Dans
une terre voisine, nommée *Millefleurs*, on a lieues.
trouvé une mine d'argent. — *Parcouru depuis
Paris*. . . . . . . . . . . . . . . . . . . . 200 ½

§ 66. *D'Hagetmau à Orthès*. . . . . . . . .        6

Encore des collines à monter et descendre
dans cette distance, et trois rivières à traverser,
compris le Loust qu'on passe au sortir de la
ville; les deux autres sont le Lay de France et
le Lay de Béarn. On juge, à ces deux dénomi-
nations, que la frontière de l'ancien royaume
de Navarre était entre les deux. Cette frontière
est aujourd'hui la limite des deux départemens
des Landes et des Basses-Pyrénées; on la franchit immédiatement avant Sault, bourg de cent
cinquante feux, placé entre cette limite et le Lay
de Béarn, qu'on franchit immédiatement après.
(*Voyez, pour le description d'Orthès, la communication de Bayonne à Pau.*) — *Parcouru
depuis Paris*. . . . . . . . . . . . . . . . 206 ½

On parcourt la première de ces trois distances dans la plaine du Béarn, entrecoupée de légères inégalités et de quelques rivières peu considérables, qui se jettent dans l'un ou l'autre Gave.

Sauveterre est une agréable petite ville située sur une éminence au pied de laquelle coule le Gave d'Oloron ; elle est peuplée d'environ douze cents âmes.

Dans la deuxième distance, commencent, après la rivière de Soison, qu'on traverse au bout d'une demi-lieue, les collines qui précèdent les Pyrénées, et après Saint-Palais, ville d'environ mille habitans, qui disputait à Saint-Jean-pied-de-Port le titre de capitale de la basse Navarre, commencent les montagnes mêmes qui font partie de cette chaîne. On s'y enfonce au départ, en remontant la rive gauche de la Bidouze ; on s'y enfonce de plus en plus, vers le milieu de la distance, où l'on franchit quatre fois cette rivière, avant de gravir la haute montagne qui sépare son bassin de celui de la Nive.

Il est à remarquer que le torrent qu'on cotoie,

en approchant de St.-Jean-pied-de-Port, coule vers la Nive en sens inverse des autres affluens qui s'y réunissent aux portes mêmes de cette ville, en descendant tous de la chaîne centrale des Pyrénées, par les diverses gorges qu'ils se sont creusées. Toutes ces gorges, comme la vallée, sont commandées par la citadelle de St.-Jean-pied-de-Port, ville qui tire son nom de sa position au pied des Pyrénées, et du passage ou *port* qui forme sur leur cime, au point même du partage des eaux, la séparation, et en quelque manière la porte des deux royaumes. Nous verrons ci-après (4e. route de Paris en Espagne), que le mot *port* répond dans les Pyrénées au mot *col* dans les Alpes, et qu'il vient de celui de *porte*.

La ville de Saint-Jean-pied-de-Port est peu considérable, quoique ancienne capitale de la Navarre; elle se compose d'un petit nombre de rues étroites, et de dix-huit cents habitans qui ne font d'autre commerce que celui de frontière. Elle appartient au pays basque. Toute son importance consiste dans sa position, qui en fait une des clés de la France, et sur-tout dans sa citadelle, placée sur une hauteur d'où elle domine le débouché des trois gorges par lesquelles on peut arriver d'Espagne.

Elle a vu naître Jean Huarte, qui s'acquit de la réputation au dix-septième siècle par un ouvrage écrit en espagnol, ayant pour titre *Examen des esprits*.

Quelques voyageurs et géographes racontent, à l'article de Saint-Jean-de-Luz, une particularité qui nous a paru devoir intéresser nos lecteurs : nous allons la copier ici, telle qu'ils l'ont copiée eux-mêmes, en se l'appropriant, sans faire connaître la source où ils l'ont puisée (1).

« Des bergers des environs de la forêt d'Irati, près Saint-Jean-pied-de-Port, découvrirent, en 1774, un homme sauvage qui habitait les rochers qui bordent cette forêt. Ce sauvage, d'une taille haute et bien prise, velu comme un ours, alerte comme un chamois, paraissait être d'un caractère doux et même d'une humeur gaie.

_____

(1) Comme les livres sont faciles à faire, et comme les auteurs ont beau jeu de n'avoir qu'à se copier ainsi les uns les autres ! En les consultant tous alternativement, nous retrouvons à chaque pas les mêmes phrases répétées. Tout Piganiol se trouve copié dans l'abbé Expilly, qui se garde bien d'en informer ses lecteurs. C'est avec la même réserve que le Dictionnaire de Prudhomme répète de longs articles de divers auteurs, et notamment de Lavallée, dont le style particulier et déclamateur est si déplacé partout ailleurs que dans son bizarre ouvrage.

Son grand plaisir était de faire courir les brebis et de les disperser en poussant de grands éclats éclats de rire. Un matin qu'il s'arrêta près d'une cabane d'ouvriers, un de ces hommes se glissa doucement pour tâcher de le saisir par la jambe ; plus il le voyait s'approcher, plus son rire augmentait, mais bientôt il s'échappa. Il est à présumer que cet homme, que l'on a jugé avoir trente ans, s'était perdu dès l'enfance dans cette forêt, qui communique à des bois immenses.

« Le naturel doux du sauvage d'Irati contraste d'une manière bien affligeante avec les goûts atroces d'un maçon du ci-devant comté de Comminges, nommé Blaise Ferraye, devenu sauvage par inclination. Cet homme, d'une force extraordinaire, de petite taille, ayant le teint fort brun, se retira dans une caverne située à la cime d'une montagne. C'est là que, muni d'une ceinture de pistolets, d'un fusil à deux coups et d'une dague, il guettait les femmes et les filles, poursuivait à coups de fusil celles qui fuyaient, et les transportait dans son antre pour assouvir ses brutales passions sur leurs corps morts ou ensanglantés. Les mamelles, les cuisses, et les intestins de ses victimes, qu'on fait monter à plus de quatre-vingts, faisaient la nourriture ordinaire de ce cannibale. Il périt à Toulouse, sur un échafaud, en décembre 1782. »

Outre la route qui vient de nous conduire à Saint-Jean-pied-de-Port, cette ville en a une autre sur Baïonne, par laquelle on s'y rend de même, et qui, ne passant dans aucun lieu remarquable, n'a rien de remarquable elle-même. — *Parcouru depuis Paris.* . . . . . . . . . . .

lieues.

222

§ 70. *De Saint-Jean-pied-de-Port à Roncevaux.*   5

On peut arriver au premier relais d'Espagne, soit par les montagnes qui séparent les deux gorges d'Airy et de la Nive, et c'est là que l'Atlas national indique la route, soit par la première de ces deux gorges, et c'est là que l'indique la carte des ponts et chaussées.

Cette dernière, que nous reconnaissons pour la véritable route, côtoie le torrent d'Airy jusqu'à sa source, tout près de la crête qui forme la séparation des eaux et des deux États, sans rencontrer d'autre lieu que le village d'Arnéguy, situé à une lieue et demie de Saint-Jean-pied-de-Port, à deux lieues et demie de cette frontière. Très-peu important par lui-même, il l'est beaucoup par les mines de fer, de cuivre et d'argent dont sont remplies les montagnes environnantes.

Roncevaux, premier lieu d'Espagne, a été rendu fameux par la défaite de l'arrière-garde de Charlemagne en 778. L'armée française abattit, en 1794, la pyramide qui rappelait cette défaite, vraie ou fausse, dans laquelle périt, dit-on, entr'autres paladins, sous les coups des Sarrasins et des Gascons réunis, le brave Roland, neveu de Charlemagne, héros d'un des plus célèbres poëmes épiques qu'ait produit l'Italie. Le bourg et l'abbaye de Roncevaux sont situés dans une spacieuse et belle plaine entourée de hautes montagnes. C'est là que fut donnée cette bataille plus célébrée dans les romans, que constatée dans l'histoire. Ce bourg n'offre aux voyageurs que de médiocres auberges.

En quittant ici les voyageurs et les confiant en quelque manière à M. de Laborde, qui s'est engagé, par son Itinéraire d'Espagne, à les guider dans l'intérieur de ce royaume, comme nous dans l'intérieur de la France, il convient de leur exprimer nos regrets et nos motifs pour n'avoir pas donné à cette route autant de détails qu'aux autres. Ne l'ayant parcourue qu'une seule fois, il y a bientôt trente ans, sans aucune intention de la décrire, et sans prendre alors les notes, que nous avons soin de recueillir aujourd'hui, dans tous nos voyages, il ne nous en est resté qu'un vague souvenir ; nous avons donc été réduits, pour cette route, comme tous nos rivaux , à l'insuffisante ressource des livres et des cartes géographiques, sauf pourtant ce vague souvenir, joint aux renseignemens pris depuis, dans les villes et les lignes de postes voisines, que nous avons eu occasion de parcourir encore plusieurs fois , dans l'exercice de nos fonctions. Mais cela ne suffit point à un auteur, qui ne sait peindre que ce qu'il a vu , ni exprimer d'autres sensations , que celles qu'il a éprouvées lui-même. Nous ne pouvions ni donner des détails, pour lesquels nous n'avions point la garantie de nos propres yeux, ni les hasarder sur la foi d'autrui, ni les puiser dans des auteurs, qui les passent presque tous sous silence, ni même compter sur le peu de documens routiers, que fournissent quelques - uns d'entre eux, sous peine d'y puiser et de transmettre à nos lecteurs, les bévues que nous avons si souvent relevées dans les voyageurs de cabinet. — *Parcouru depuis Paris jusqu'à Roncevaux.* . . . . . . . . . . . . . . . 227

lieues.

FIN DE LA 3ᵉ. ROUTE DE PARIS EN ESPAGNE.

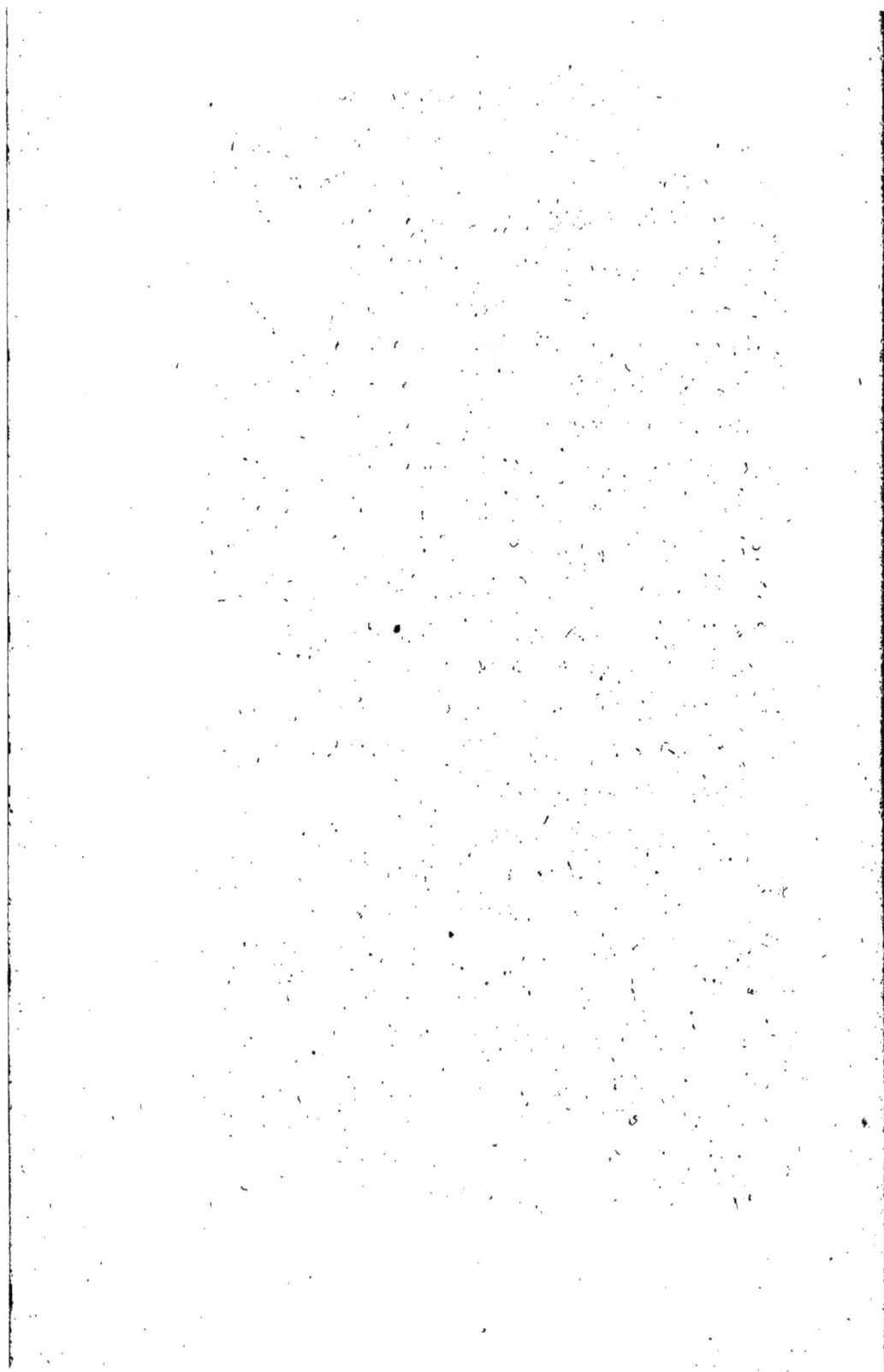

# QUATRIÈME ROUTE

## DE PARIS EN ESPAGNE,

## Par Bordeaux, Pau et Oloron,

### JUSQU'À JACCA.

### 238 lieues.

---

Depuis Paris jusqu'à Roquefort. (v. 2ᵉ. route de Paris
en Espagne par Baïonne.)                                          lieues.

61 Paragraphes. . . . . . . . . . . . . . . . 187

§ 62. De Roquefort à Villeneuve-de-Marsan.         4

ROUTE et contrée sablonneuses, comme la
route et la contrée qu'on vient de parcourir,
depuis Bazas jusqu'à Roquefort. Cette lisière
des Landes, car nous touchons à leur extrémité
orientale, nous a même offert des sables plus
profonds que nous n'en avions jamais trouvé
dans toute leur étendue. Mais ils n'attendent,
pour devenir fertiles, que la main de l'homme
et les engrais, comme dans le reste de cette étonnante contrée. Bien cultivés, ils produisent en

seigle, de dix à douze pour un, tous les ans,
et souvent une seconde récolte, qui est ordinairement en millet ou en maïs. Les propriétaires
ne cultivent pas ici de la terre, mais du sable : eh !
que leur importe de ne posséder que des sables, s'ils leur rendent autant que les meilleures terres ! Ceux que nos chevaux foulent avec
tant de peine, que nos voitures sillonnent si
profondément, sont en grande partie couverts
de forêts de pins et de chênes.

On ne rencontre aucun village dans toute cette
longue distance, jusqu'à Villeneuve-de-Marsan,
jolie petite ville située sur la rive gauche du Midou. Elle renferme quinze cents habitans. Ils
ont su féconder leurs sables, au point de s'en-
tourer d'un territoire aussi riche que verdoyant.
On y remarque surtout le hautin : c'est de
toutes les manières de cultiver la vigne, sinon
la meilleure, du moins la plus agréable, témoins
les délicieux treillages qui nous ont déjà charmés
dans d'autres parties soit de la France, soit de
l'Italie, telles que le Dauphiné, le Piémont,
l'état de Naples, etc. Le même genre de culture
embellit la plaine de Tarbes, et se montre fréquemment aussi dans celle de Pau ; mais c'est
à Villeneuve qu'il s'offre à nos regards pour la
première fois.

Cette ville est commerçante, par ses marchés des mercredis de chaque semaine, et par ses foires du premier mercredi de septembre et du deuxième de juin (1). — *Parcouru depuis Paris.* 191

lieues.

§ 63. *De Villeneuve à Aire.* . . . . . . . . . 5

Même nature de sables, mais moins profonds, même nature de landes, mais moins incultes: au bout d'une lieue; village de Saint-Gein, peuplé de quatre à cinq cents habitans et entouré d'arbres, ainsi que de culture. Peu après, on laisse, à un quart de lieue, sur la gauche, le

---

(1) On ne s'étonne pas que M. Millin, passant de nuit à Villeneuve, ne l'ait pas vue, et nous dise de très-bonne foi *qu'il n'y a que la poste et deux autres maisons, au milieu des landes.* Mais comment concevoir que cette erreur, qui, d'un trait de plume, fait disparaître une ville de sur le sol de la France, soit répétée dans le prétendu *Itinéraire français,* dont l'auteur, faisant ses voyages dans sa boutique, remplie sans doute de livres et d'atlas, aurait pu, en consultant le premier dictionnaire géographique ou la première carte de France, s'assurer de l'existence de Villeneuve-de-Marsan, et ne pas copier la bévue de M. Millin? Mais un auteur-copiste copie tout: pour faire un livre, il n'a pas besoin de plume; il ne lui faut que des ciseaux.

bourg de Houtan, peuplé de mille à douze cents
individus, et l'on traverse le chemin de Mont-
de-Marsan au Houga, bourg de la même population, appartenant au département du Gers.

Les sables diminuent en se combinant avec
l'argile, et cette combinaison forme un bon sol.
Les landes diminuent de même : au lieu de cette
étendue illimitée que nous avons vu n'avoir
d'autres bornes que l'horizon, la perspective est
circonscrite de tous côtés, par les arbres et les
haies vives. Malgré leur état de friche, les ter-
rains ainsi clos ne sont point des landes, mais
des champs laissés en jachères, et sillonnés de
temps à autre par la charrue. Bientôt à une plaine
entrecoupée de légères inégalités, succède une
plaine parfaitement unie, et aux propriétés que
subdivisent et ombragent ces haies vives, de
vastes champs à perte de vue.

Aire.    Une demi-lieue avant d'arriver à Aire, on
laisse sur la droite, une autre route qui conduit
à Mont-de-Marsan, par Grenade, et sur la
gauche, à l'entrée du faubourg d'Aire, la route
d'Auch par Vic-Fézensac. J'ai traversé l'Adour
dans un mauvais bac, entre le faubourg et la
ville, agréablement située sur l'autre rive, au
pied et sur le penchant d'un coteau de vignes.
On doit le franchir aujourd'hui sur un pont,

dont j'ai vu les matériaux déjà rassemblés : il
est d'une grande importance pour le passage des
troupes qu'on peut diriger vers l'Espagne, par
cette route militaire.

La ville d'Aire, a quelques rues assez belles
et quelques maisons assez bien bâties, qui annoncent l'aisance, même la bonne société ; et ce
n'est pas une apparence trompeuse : cette ville
épiscopale, peuplée aujourd'hui de deux mille
habitans, possède un grand nombre de riches familles, une école secondaire et une pension de
demoiselles ; elle n'a d'ailleurs pas de commerce.
Son territoire, exploité en grande culture, rend
jusqu'à dix pour un, en froment alternant avec
le maïs. Ici, comme à Dax, l'Adour sépare les
contrées sablonneuses des terres grasses.

Aire était la principale ville du Tursan, pays
qu'on regarde comme celui des anciens *Taru-*
*sates*, d'où lui vient, à ce qu'on croit, le nom
latin *Atures* ou *Aturum* : on l'a nommée encore
*Vicus Julii*. J'ai compté jusqu'à neuf ou dix
noms latins donnés à cette ville, par les divers auteurs ; ce qui, en prouvant pour son ancienneté,
ne fait qu'épaissir les ténébres répandues sur ˙ lieues.
son origine. — *Parcouru depuis Paris.* . . . . . . 196

9

Au sortir du bac ou du pont de l'Adour, on monte de la basse ville à la ville haute, et la colline d'Aire est gravie : on est dans la plaine assez fertile, mais faiblement cultivée, qui sépare Aire de Garlin. La route traverse un petit angle saillant du département du Gers, puis le village de Sarron, enfin la limite qui sépare le département des Landes de celui des Basses-Pyrenées.

Si les ingénieurs, moins esclaves des lignes droites, s'attachaient davantage à faire passer leurs routes dans les villes, tant pour l'intérêt des habitans, que pour celui des voyageurs eux-mêmes, en combinant ce double intérêt avec l'avantage de suivre les directions les plus courtes, nous passerions par Garlin, petite ville de douze cents habitans, que nous laissons à un quart de lieue sur notre gauche, comme nous aurions passé au bourg de Houtan, que nous avons laissé de même, à un quart de lieue sur notre gauche, avant d'arriver à Aire.

On trouve, une lieue plus loin, la maison isolée du Tourniquet, où était le relais, lors de mon dernier passage. Elle ne mérite plus d'être nommée qu'à cause de sa situation sur une hauteur, qui lui procure les points de vue les plus agréables, les plus variés, les plus étendus sur les collines et paysages qu'on traverse dans la distance suivante, et sur les Pyrénées qui terminent l'horizon. La route descend, de suite après Tourniquet, une première colline jusqu'à un pont sur lequel elle franchit la rivière de Gabas. On en monte et redescend deux autres, sans trouver aucun village proprement dit, mais seulement diverses maisons éparses. De ce nombre est celle d'Auriac, où a été placé le nouveau relais, ainsi que celle de Navailles, où il était jadis.

A une demi-lieue ouest de la première, est le bourg de Thèze, peuplé de cinq à six cents habitans, et situé non loin de la rive droite du Lay de France, que la route traverse peu après ce relais. Si elle eût été dirigée par Thèze, elle aurait suivi la ligne droite, dont elle s'écarte sans motif apparent, les localités n'offrant ici aucune de ces difficultés majeures qui peuvent justifier de pareils circuits, sur-tout lorsque ce n'est pas pour rencontrer un lieu considérable, mais au contraire pour l'éviter. Les

9*

deux noms d'Auriac et de Navailles sont ceux
des deux paroisses dont on remarque à gauche
les clochers, ainsi que des diverses maisons qui
en dépendent, sur le bord de la route.

De tous les points élevés qu'on franchit, on a
la vue de la chaîne des Pyrénées et des collines
riantes qui les précèdent. Celles qu'on parcourt,
moins riantes et plus boisées, ne sont pas moins
pittoresques. Passé Navailles, on trouve le hameau de Serres, situé vers le milieu de la distance du relais actuel à Pau; un quart de lieue
plus loin, on franchit le Lay de Béarn, ainsi
surnommé pour le distinguer du Lay de France,
que nous avons traversé en partant d'Auriac.
Ces deux surnoms nous rappellent que les deux
rivières coulaient jadis dans deux états différens.

On arrive ensuite aux plaines de Pau, laissées en friche l'espace d'une lieue. Cette vaste
lande a de quoi étonner dans une campagne aussi
fertile. On apprend que c'est un pâturage accordé par un prince de Béarn aux habitans de
la vallée d'Ossau, en récompense des secours
qu'il en avait reçus. Cette plaine, qui commence
au hameau de Serres, avec l'alignement de la
route, finit avec lui dans le territoire de Pau.

~~~~~~~~~~~~~~~~~~~~~~~~~~~~~~~

## VILLE DE PAU.

La plus belle avenue du chef-lieu des Basses-Pyrénées n'est pas celle par laquelle nous y arrivons. Si je pouvais, sans m'écarter du plan routier de mon ouvrage, placer à mon gré la description de cette intéressante ville, j'aimerais à la transporter au bout de la jolie route qui m'y a conduit de Baïonne (voyez ci-après article *communication.*)

Ce n'est point par elle-même que la ville de Pau mérite d'intéresser les voyageurs, mais par son site et ses souvenirs. Toutefois elle est assez bien bâtie, quoique sans luxe et sans élégance, et quoiqu'on ne puisse dire quels sont les matériaux employés à la construction des maisons, à cause de l'enduit de mortier dont elles sont revêtues; seulement on est fondé à croire qu'il cache des murs de cailloux, en voyant ce genre de maçonnerie dans les faubourgs, sans le même revêtement, dont les particuliers n'ont pas eu toujours le moyen de faire les frais. Au surplus, ces cailloux sont si bien liés ensemble par le mortier, qu'ils forment une masse aussi dure que le poudingue.

La ville est encore mieux percée qu'elle n'est bâtie. On remarque sur-tout la grande et large rue qui la parcourt dans sa longueur de près d'une demi-lieue. Les rues transversales sont très-courtes, parce que la ville est très-étroite.

La place Royale, où était jadis la statue de Louis XIV, va recevoir aujourd'hui celle d'Henri IV, qui vient d'être exécutée à Paris, où on l'a vue exposée dans la cour du Louvre, jusqu'à son départ pour le lieu de sa destination. C'est une statue pédestre, coulée en bronze et fort belle. Les Béarnais, pour se consoler ou même se venger d'avoir reçu des ministres de Louis XIV la statue de ce roi, à la place de celle d'Henri IV qu'ils demandaient, y avaient mis cette inscription dans leur langue : *celui-ci est le petit-fils de notre grand Henri*. Ils mettront sans doute au bas de la nouvelle statue, pour conserver la même simplicité de style : *celui-ci est notre grand Henri*.

Cette place est en partie plantée de beaux arbres qui la transforment en une assez agréable promenade. Elle ne mérite, d'après l'Ermite en province, ni le nom de place, ni l'épithète de royale. « Je n'y vis, dit-il, qu'une grande cour entourée d'arbres, qu'on pourra nommer un parvis, si jamais on achève l'église qu'on a

commencé à y bâtir. » Ce jugement est celui
d'un homme qui n'a pas vu. La place Royale
est séparée de l'église non confectionnée de St.-
Louis par la rue de Nay; elle l'était en 1789,
des jardins du marquis de Jussé et du baron de
Mesplais par un mur de clôture qui a été abattu
depuis, ensorte que la vue, bornée auparavant
par ce mur, plonge aujourd'hui sur la vallée, en
s'étendant à travers une suite de paysages jusqu'aux Pyrénées qui terminent l'horizon, et la
promenade s'étend elle-même en amphithéâtre
jusqu'au Gave qui coule au pied.

Une autre place, celle de la Comédie, la plus
grande et la plus belle de cette ville, la sépare
du faubourg par lequel nous y sommes arrivés.
Elle communique, par un court et large pont,
jeté sur un profond ravin, qui ressemble à un
fossé, avec l'intérieur de Pau, dont ce pont paraît même former l'entrée. C'est une fausse apparence; le ravin ne borde pas, il traverse la
ville, qu'il sépare en deux parties, très-inégales
d'étendue comme de physionomie, si bien que
l'une semble être le faubourg de l'autre.

Cette espèce de fossé, bordant au nord la
partie principale, qui, située sur un plateau,
commande vers le sud la vallée du Gave, pourrait faire croire à une ancienne ville de guerre;

mais ni le prince qui la fit bâtir, ni ses successeurs ne l'ont jamais entourée d'aucune fortification. Le premier château de Pau dut cependant être de quelque défense, puisque c'était pour se mettre en sûreté contre les Sarrazins, que le fondateur, abandonnant, vers le dixième siècle, sa résidence de Morlaas, la transféra dans ce lieu, qui lui fut cédé par les habitans de la vallée d'Ossau, à condition que pendant la *Cour Major*, (c'était la cour royale formée par le prince lui-même) ils auraient la première place dans la salle du château. L'emplacement fut marqué par un pieu, *pal* ou *paou* en langage du pays, et de là vient l'étymologie du nom de cette ville, qui ne se forma que peu à peu, par les constructions successives.

Il est vraisemblable que cet ancien château occupait le même emplacement que le château actuel, auquel il est temps d'arriver pour satisfaire l'impatience de mes lecteurs, avides sans doute de visiter le berceau d'Henri IV.

La naissance de ce prince chéri est le seul souvenir éminemment historique qu'on trouve au château de Pau ; mais il suffit pour le remplir d'intérêt. En parcourant ses appartemens gothiques et délabrés, qu'on avait convertis en casernes et en prisons, je ne voyais ni les soldats,

ni les détenus qui l'encombraient; je ne voyais
que le galant et valeureux Henri. Mais son image
échappe trop souvent au milieu des ruines et
des nouveaux hôtes de cette demeure royale,
qui n'a d'ailleurs jamais été brillante, comme
on en peut juger par son état actuel; elle n'est
que vaste, mais sa masse la rend inposante. On
y voit encore de belles salles, un bel escalier et
une superbe terrasse qui, régnant sur le Gave,
offre un des plus beaux points de vue que je connaisse au monde. Les encadrures des portes et
croisées, enrichies d'arabesques dans le style
antique, sont les seuls ornemens d'architecture
et de sculpture que j'y aie aperçus. L'ensemble
de l'édifice n'offre qu'un groupe confus de constructions incohérentes, qui ont toujours eu besoin d'être embellies, soit par la présence, soit
par le souvenir du plus aimable des princes.

Quel Français ne tressaille, en franchissant
le seuil de ce premier palais du premier des
Bourbons! Quel Français, ou quel étranger, un
peu instruit, ne s'y rappelle et n'y cherche la
chambre où il naquit! Mais comment la reconnaître, au milieu des ravages du temps et des
hommes? On aimerait à retrouver le lit où
Jeanne d'Albret entonna, pour complaire au
roi Henri d'Albret, son père, une chanson béar-

naise, au milieu des douleurs de l'enfantement.
On y cherche sur-tout le berceau qui reçut, à
sa naissance, le chef de la plus glorieuse dynastie
de l'Europe. Ce berceau n'y était plus, et je
courus le voir chez M. de Laporte, directeur
des domaines, où j'appris par mes propres yeux
qu'il existait encore : c'est une magnifique écaille
de tortue. Je me plaisais à la contempler, à me
représenter le royal enfant dans cette écaille,
lorsque son grand-père, transporté de joie, lui
fit avaler quelques gouttes de vin, après lui
avoir frotté les lèvres avec de l'ail, suivant l'u-
sage du pays (1).

J'ai appris depuis que le berceau d'Henri IV,
sauvé des flammes auxquelles l'avait condam-
né la frénésie révolutionnaire, était rentré au
château. En effet, quelques voyageurs l'y ont vu
postérieurement à mon dernier passage en 1814.
M. le Comte P. de V. dit, dans son *Voyage de
Bagnères à Paris*, qu'on l'a suspendu par trois
cordons, et placé sous un petit baldaquin assez
mesquin, dans une chambre longue et étroite,
qui fut une chapelle, avant la réformation.

(1) Cette visite, faite à M. de Laporte, me fit connaître
en lui un amateur des arts, et son cabinet m'offrit entr'autres objets remarquables, une très-jolie statue équestre
de Louis XIV, en bronze.

J'ai appris aussi que le château, livré à tous les ravages du temps et des hommes par la révolution, vient d'être restauré par ordre de Louis XVIII, de manière à pouvoir loger un gouverneur dans les parties les mieux conservées.

En parcourant le château d'Henri IV, avec cette émotion dont il est impossible à un vrai Français de se défendre, et le quittant, avec précipitation, pour courir après le berceau du royal enfant, je n'ai pas songé à faire remarquer aux voyageurs, le site heureux de ce vieux palais des rois, site qui fait l'éloge du goût de son fondateur, et du discernement avec lequel il posa le *paou*, ou pieu, qui en a marqué l'emplacement : il ne pouvait mieux choisir : c'est une des plus heureuses positions que je connaisse au monde. Placé à l'extrémité occidentale du plateau qu'occupe la ville, et qui se termine brusquement par un talus aussi escarpé que pittoresque, ce château domine les trois quarts de l'horizon qui l'entoure, c'est-à-dire, tout ce qui n'est pas la ville.

Ce sont, au nord et à l'ouest, les plaines et les collines qu'on longe ou traverse en arrivant, soit de Paris, soit de Baïonne, la ville de Lescar, le coteau de Jurançon, le parc du château, et le cours du Gave, qui, venant de l'est et fuyant

vers l'ouest, coule au pied du talus avec la rapidité d'un torrent; au midi, les belles campagnes
qu'arrose cette rivière, les collines qui en
bordent la vallée, les divers vallons qui s'y dé-
bouchent; plus loin les Pyrénées, qui bornent
la perspective dans un éloignement de dix ou
douze lieues; enfin le Pic du midi qui élève dans
les nues, directement en face, à une hauteur
d'environ quinze cents toises, sa tête neigeuse
et pyramidale. On le voit au bout de la magnifique échappée de vue ouverte à travers ces montagnes par la vallée d'Ossau.

Ces beaux aspects ne sont pas exclusivement
le partage du château d'Henri IV; on en jouit
de même, de la place Royale, et de toutes les
maisons qui bordent le plateau du côté du Gave;
on en jouit également du parc du château qui
couvre de ses beaux arbres, de ses allées et de
ses berceaux, le sommet et les flancs d'une charmante colline. C'est maintenant une promenade
publique, et la plus agréable que je connaisse en
France, par ses beaux points de vue. La ville,
m'a-t-on dit, en a l'obligation au noble désin-
téressement de quelques habitans de Pau, qui,
voyant afficher la vente de cette propriété na-
tionale, se sont présentés à l'adjudication pour
en obtenir la préférence, avec l'offre de la conser-

ver et l'entretenir, pour en faire jouir leurs conci-
toyens comme ils en jouissaient auparavant (1).

Entre le parc et le château est une autre promenade, également située au bord du Gave, et
plantée de beaux arbres. Tout près, on en voit
une troisième, celle de Bayard, portant le nom
du magistrat qui la fit planter.

Sur la place de la Comédie, qui touche à ces
promenades, est la salle de spectacle, d'où elle
tire son nom. C'est là que sont aussi les meilleures auberges de la ville, et notamment celle
de la poste aux chevaux (2). Derrière cette auberge, non loin de la place, sont deux établissemens de bains publics, qui, s'ils ne sont pas élé-

(1) J'aime à compter au nombre des adjudicataires,
M. Manescau, maître de poste, l'un de nos plus esti-
mables administrés.

(2) Voici comment s'est exprimé sur cette auberge un
des voyageurs dont j'ai les ouvrages sous les yeux. « On
n'est ni mieux ni plus proprement servi dans les hôtels
si chers de Paris et de Londres; on ne mange pas des
truites plus délicates au *Faucon* de Berne et à l'*Épée* de
Zurich; nulle part au monde les laitages, les légumes,
les fraises, les framboises ne sont aussi parfumées, et le
vin de Lafitte, qu'on boit à l'hôtel Fumel de Bordeaux,
n'a pas plus de bouquet, ne rajeunit pas mieux les sens
que le vieux Jurançon que M. Etcheverry (c'est le nom
de l'aubergiste actuel) fait boire à ses commensaux.

gamment tenus, sont au moins fort propres et
à très-bas prix. Ce sont les seuls de France où
je me sois baigné à 12 sous.

Le parlement, que Louis XIII avait accordé
à l'ancienne capitale de son illustre père, donnait un grand relief à cette ville, où il réunis-
sait les premières familles du Béarn. Malgré
son ressort très-peu étendu, il n'en était pas
moins un des plus célèbres de France, par le
beau caractère qu'il déploya dans diverses occa-
sions, et qui lui avait fait la réputation d'un des
plus énergiques parlemens du royaume.

Cette ville parlementaire, peuplée, avant la
révolution, de neuf à dix mille habitans, aujourd'hui de onze à douze mille, avait aussi une
université fondée par Louis XIV, mais si peu
distinguée et si peu connue, lors même de son
existence, qu'on a besoin de l'apprendre des
habitans ou des géographes.

Une cour royale et la préfecture des Basses-
Pyrénées, sont, avec le tribunal civil, le tribunal de commerce et le collège, les établissemens qui dédommagent cette ville de son parlement, comme celui-ci fut son dédommagement
du titre de capitale d'un royaume, et du séjour
de ses princes.

Son principal commerce consiste dans la fa-

brication des toiles, et sur-tout des beaux mouchoirs de Béarn. Les vins renommés de Jurançon
et autres, notamment ceux de Gan, qui ne leur
sont pas inférieurs en qualité, quoique avec une
réputation moins étendue, donnent lieu à des
exportations assez considérables. Les jambons et
autres salaisons sont encore une branche d'industrie locale, moins pour la ville que pour le
territoire de Pau. Il y a marché tous les lundi et
jeudi de chaque semaine, et trois foires importantes qui durent trois jours, savoir : le premier
lundi de carême, le lundi de la Pentecôte, et
le 11 novembre.

C'est dans les foires et les marchés qu'il faut
observer le peuple ; c'est là qu'une nombreuse
variété d'individus de tous les sexes et de tous
les âges, peut faire juger de l'espèce. Elle est
généralement très-belle dans le Béarn, au moral
comme au physique, et dans l'un comme dans
l'autre sexe. Les hommes y sont aussi bien plan-
tés et aussi bien bâtis que dans le pays basque ;
leur taille est ordinairement haute et bien prise,
leurs épaules larges et très-effacées, leur tête
droite et caractérisée, leur démarche fière et
leste ; tout annonce la force et la souplesse, la
hardiesse et la vivacité, dans le Béarnais comme
dans le Basque, sans que cette réunion de res-

semblances ait opéré entre eux le moindre rapprochement. Ces deux peuples, à formes également énergiques, font mentir le proverbe *qui se ressemble s'assemble*. Ils ne sont voisins que pour se haïr réciproquement, et ne se voient guères que dans les marchés et les foires, où ils finissent quelquefois par se distribuer des coups de bâton, avec une adresse particulière, et à peu près égale de part et d'autre; car l'habileté à manier le bâton est un des caractères distinctifs des Béarnais comme des Basques. Rivaux d'adresse, de force et de courage, ils ne s'aiment ni ne se craignent.

Ils ne se ressemblent pas moins de costume que de physique. Les uns et les autres portent également le berret et la veste de matelot; les uns et les autres se distinguent au même degré par la propreté de leur mise et de leur linge, ainsi que de leurs habitations.

Plus riches en général de leur sol et de leur industrie, les Béarnais sont aussi plus richement vêtus, mieux logés, et peut-être encore mieux nourris.

C'est ici que le bon Henri IV a dû concevoir la royale et paternelle pensée de procurer à tous ses sujets *la poule au pot*. Le Béarnais l'avait dès-lors, et n'a pas cessé de l'avoir. Les basses-cours du Basque paraissent être moins garnies, ainsi que ses greniers, parce que leur pays est moins fertile. C'est peut-être une des causes des sentimens antipathiques qui existent entre ces deux voisins. L'un est fier de sa supériorité à cet égard, l'autre en est jaloux. Sans doute les avantages de la nature et de la fortune sont de ridicules sujets d'orgueil et de jalousie; mais puisque ce ridicule est celui de tous les hommes, pourquoi les Basques et les Béarnais en seraient-ils exempts?

Leur principal point de dissemblance et de discorde est une civilisation bien plus avancée chez les Béarnais que chez les Basques, ce qui donne aux premiers, avec le sentiment de leur supériorité morale, une plus grande habileté dans les affaires. Le Basque s'en venge en traitant cette habileté de finesse excessive, de ruse, de fourberie; c'est ce qui a fait au Béarnais une réputation peu différente de celle de l'industrieux Normand, qui la doit aussi, je crois, à la supériorité de son intelligence, développée, tant par une civilisation plus étendue, comparativement au Breton son voisin, que par une plus grande aisance, résultant de cette civilisation même, et sans doute aussi d'une agriculture plus prospère. En comparant, sous ce double

rapport, le Béarnais au Normand, je pourrais
les comparer encore pour la beauté du physique ;
mais je ne puis comparer également le Basque
au Breton, pas même à celui de la basse Bretagne, quoiqu'on trouve, chez l'un comme
chez l'autre peuple, une langue particulière,
étrangère au reste de la France, et quelques
traits de ressemblance dans le caractère, notamment l'humeur querelleuse, l'ivrognerie, la
promptitude à se donner des coups de bâton, et
l'habileté à le manier. Mais la taille courte et la
saleté du Bas-Breton forment un contraste parfait avec la belle stature et l'extrême propreté du
Basque.

J'ai trouvé chez les Bas-Bretons une autre
resssemblance, non avec les Basques, mais avec
les Béarnais ; je veux parler de ces larges culottes
ou *braies* à grands plis qui viennent se froncer
et s'attacher sous le genou ; elles n'existent plus
aujourd'hui que dans quelques villages de la
basse Bretagne et du Béarn.

Les Bretons portent aussi sur leurs vêtemens,
comme les Béarnais, des chemises en guise de
blouses, de manière que leur habit ou veste est
entre deux chemises ; mais chez ces derniers
elles sont très-blanches, et toujours propres,
si bien qu'à une certaine distance je croyais voir

des hommes en surplis, ce qui, sur une route,
un jour de marché, me présentait l'apparence
d'une procession. Dans un plus grand éloignement, j'ai cru voir des femmes vêtues de blanc.
La méprise est d'autant plus facile que telle est
la couleur des vêtemens de ce sexe, pendant
les beaux jours de l'été, dans toutes les villes
du Béarn et dans toutes les classes aisées ; il ne
se fait pas moins remarquer par son extrême
propreté dans les campagnes,

> Où l'élégante robe blanche,
> Se montre aussi quelquefois le dimanche,

ainsi que les jours de marchés, car ce sont des
jours de fête pour les campagnes que ceux où
l'on se rend à la ville.

Si le fichu blanc est la coiffure la plus généralement adoptée par les paysannes et les servantes basquaises, ainsi que nous l'avons remarqué à Baïonne, les Béarnaises donnent, comme
c'est assez naturel, la préférence aux mouchoirs
cadrillés qui se fabriquent dans leur pays, souvent dans leur village, quelquefois dans leurs
propres maisons. Aussi estimés pour la qualité
du tissu, que pour la bonté du teint et la vivacité des couleurs, ces mouchoirs sont très-
recherchés des femmes du peuple, tant dans la

10*

ville de Pau que dans tout le Béarn. Les carreaux blancs sont en fil et ceux de couleur en
coton. Les dessins n'en ont jamais varié que
pour la grandeur des carreaux. On appelle *mou-*
*choirs à quatre dimanches*, ceux dont chaque
coin est différent, ce qui donne, aux femmes
qui s'en parent le dimanche, le moyen de se
montrer quatre fois avec le même mouchoir, en
paraissant toujours en changer.

Quand il fait froid, elles recouvrent cette
coiffure d'un petit capuchon rouge, nommé capulet, sous lequel ressortent on ne peut plus
agréablement leurs teints frais et leurs jolies figures; car la fraîcheur, et plus encore la beauté,
l'une et l'autre relevées par une extrême propreté et une élégance villageoise toute particulière, sont l'apanage des Béarnaises comme des
Basquaises.

Les femmes d'un certain rang ne dédai-
gnaient pas de porter aussi le capulet; mais j'ai
eu le regret, à mon dernier passage, en 1814,
de trouver cette jolie mode locale presque abandonnée par elles, et réléguée dans la classe du
peuple. Un autre costume local, les mantes qui
enveloppent en même-temps la tête et le corps,
a pourtant survécu au triomphe de la mode
parisienne, sur la mode béarnaise. Quant aux

capulets rouges, qui étaient naguères la coiffure
de toutes les élégantes du matin, les jeunes
dames et les demoiselles n'en veulent plus : depuis les progrès de la civilisation, elles ne veulent, le matin comme le soir, que les modes
de Paris.

« Quoiqu'il y ait quelques goîtres chez les
femmes de la campagne, dit M. le C^te P. de V,
dans sa *Promenade de Bagnères à Paris*, j'y ai
vu plus de figures régulières et agréables qu'en
aucun autre pays dont je me souvienne. Elles
n'ont pas à la vérité cet éclat de teint, cette
fraîcheur de carnation, ce luxe de santé qu'on
remarque dans les femmes du Tyrol, de l'Au-
vergne et de quelques autres pays ; mais elles
ont souvent de beaux traits et la physionomie
généralement noble. Celles qui ne sont pas belles
sont jolies ; celles qui ne sont pas jolies ont encore quelque chose d'agréable ; enfin les figures
laides y sont plus rares que partout ailleurs. »

Nous ne pouvons que confirmer ces observations, comme les ayant faites nous-mêmes plusieurs fois, avant cet aimable auteur ; en nous
les fournissant, il nous a dispensé de les ré-
diger.

Un autre voyageur moins aimable, tout aussi
spirituel et plus profond, va nous fournir un

autre morceau également intéressant, par lequel nous compléterons, avec le tableau physique et moral du pays, la description de cette ville.

« Rien de plus délicieux que les environs de Pau, que les méandres du Gave, que les coteaux qui, en s'enchaînant, gouvernent son cours, et fournissent à la culture un refuge que ses débordemens sont forcés de respecter. Rien de plus riche que ces beaux vignobles où l'on recueille le Vicbilh et le Jurançon, que ces pentes couvertes de moissons, que ces nombreux vergers et ces habitations éparses où le gentilhomme et le paysan, l'un comme l'autre propriétaires, vivent, selon leur condition, du produit de leurs champs. Rien de si intéressant que ce peuple, libre par son caractère, bien plus que par ses fors et priviléges, spirituel et vif, élégant, même sans culture, dont le noble est sans hauteur et le cultivateur sans grossièreté, chez lequel de vieux usages et un vieux langage en honneur, attestent et nourrissent l'amour de la patrie. En lui, ce sont ses ancêtres que l'on voit; tels étaient les Béarnais d'autrefois; plus farouches sans doute lorsqu'ils immolaient à leur liberté les souverains qu'ils croyaient ne les avoir pas respectées; mais guères plus naïfs, lorsque voulant se donner un maître, ils choisirent entre deux enfans au berceau, celui qui dormait les mains ouvertes. » *( Observations sur les Pyrénées, par Ramond, p. 11.)*

Quoique doués d'une grande justesse et d'une extrême vivacité d'esprit, les habitans de Pau, cette ancienne capitale du pays des troubadours, n'ont point fourni leur contingent au Parnasse français. Nous avons vu que leur université était sans renom ; il en était de même de leur académie, qui, s'il faut en croire Millin, « ne s'occupait que de bals et de concerts. »

Il attribue à cette ville le savant Pierre de Marca, qui est né à Gan, comme nous allons le voir bientôt.

Le P. Pardiès, jésuite, bon astronome et habile géomètre, mort à Paris en 1673, est né à Pau, d'un conseiller au parlement.

Le célèbre ministre protestant, Abadie, n'est point né à Pau, comme le disent quelques auteurs, mais à Nay, ainsi que nous le verrons ailleurs, *(route de Paris aux eaux des Pyrénées.)* L'Ermite en province attribue aussi à Pau le médecin Bordeu, né, comme nous le verrons encore *(même volume)*, dans la vallée d'Ossau.

Il suffirait à cette ville, pour son illustration, d'avoir donné le jour au grand Henri ; mais elle

peut citer encore aujourd'hui un autre roi qui,
né dans ses murs, a été appelé par sa renommée
du sein des camps au trône de Suède. Grand
général dans nos armées, Bernadotte ne s'est-il
pas aussi montré grand roi sur le trône, et par la
manière dont il y est monté, bien plus glorieuse
qu'une conquête, et par la manière dont il s'y
maintient?

Le maréchal de Gassion, autre grand capi-
taine, est de même né dans cette ville.

Les rians environs de Pau méritent d'être vi-
sités. L'excursion la plus courte et la plus facile
à faire, est celle de Gélos, où l'on va voir un
beau site, un beau château et un haras dont
nous parlons au chapitre suivant; mais la plus
intéressante est celle du coteau de Jurançon, célèbre par ses excellens vins rouges et blancs, et
non moins digne de l'être par sa beauté que par
sa richesse. Les vignobles dont il est couvert,
n'offrent pas, comme partout ailleurs, ces tapis
d'un vert pâle et monotone, qui ne donnent un
vin généreux, qu'autant qu'ils reposent sur un
sol aride et reçoivent toutes les ardeurs du midi,
que nul ombrage ne tempère. La colline de
Jurançon se partage si bien entre les pampres,
les vergers et les bosquets, qu'elle n'est pas
moins agréable que riche, et que sa vue ne

flatte pas moins l'amateur des paysages que
celui des bons vins (1).

Au sommet, une délicieuse maison de campagne, entourée de terrasses et de berceaux,
offre un des plus rians séjours qui soit au monde,
et par ses gracieux environs, et par le double
aspect de la vallée du Gave et des plaines de
Lescar qu'elle domine au nord, et par la magnifique perspective, tant des Pyrénées, limites
de l'horizon, que des collines variées qui les
précèdent. Cette maison de campagne, nommée
à juste titre Bellevue, appartient à M. Pommé,
ancien négociant de Pau. On en voit une autre
non moins agréable sur le même sommet, et
plus près de cette ville. Elle appartient à M. Per-
pignan.

Outre les lignes de poste qui aboutissent à
Pau, et la route que nous allons parcourir en
quittant cette ville, elle a encore une commu-

(1) Plusieurs lecteurs, ceux sur-tout qui sont propriétaires de vignes, nous sauront gré de leur faire connaître
la manière particulière de récolter le vin de Jurançon.
Ce n'est point en automne, comme dans la plupart des
vignobles, mais en hiver, à la Noël. Jusque-là on ne
cueille que les grappes qui sèchent ou pourrissent. Cette
première récolte, qui dure environ deux mois, donne
les vins d'ordinaire.

nication sur Monein, par divers villages, et une autre sur Plaisance par Morlaas, sans parler de celle qui est projetée sur Oloron, et de l'intéressante route des Eaux-Chaudes et Bonnes, que nous décrirons ailleurs ( voyez route de Paris aux eaux des Pyrénées ).

Il y a peu de temps qu'on ne se doutait guère qu'il fût possible de se rendre directement de Paris en Espagne par Pau, ou du moins que cette route fût praticable. Elle a été imaginée de nos jours par l'usurpateur du trône d'Espagne, ou plutôt renouvelée des Romains, qui l'avaient découverte avant lui, et comme eux, il en a fait une route militaire; elle ne saurait être indiquée aux personnes qui voyagent en poste et en voiture, n'étant pas construite dans la partie où elle franchit les Pyrénées. — *Parcouru depuis Paris jusqu'à Pau*. . . . . . . . . . .

lieues.

208

On passe sur un beau pont le Gave de Pau, entre le faubourg qu'on appelle la basse ville, et le bourg de Jurançon, situé au pied du joli coteau de ce nom, si célèbre et si cher aux gourmets. On en laisse le clocher à une petite distance à droite, en laissant à une toute aussi petite distance à gauche, le village et château de Gélos.

Ce château fut acheté par Buonaparte à son passage en 1809, pour y établir le haras du département. Si ce dépôt est toujours dans l'état où je l'ai vu, il remplit mal sa destination; qui est, ou devrait être, d'améliorer la race abâtardie des chevaux navarreins. Il nous a paru tout-à-fait impropre à rendre à cette race la légèreté, la souplesse, la vivacité, l'élasticité musculaire qui en constituait le mérite, et semblait former une race arabe dans cette province de la France. Le haras de Gélos devrait être tout composé de chevaux arabes ou espagnols, au lieu des chevaux forts et pesans que nous y avons remarqués.

On suit le vallon pittoresque de la Née, entre la colline de Jurançon et celle de Gélos. Sur la première, et à mi-côte, se présente, au bout d'une demi-lieue, le château des Astous, propriété du général Corsin. C'est un des plus agréables manoirs champêtres, et des plus heureux sites qu'il soit possible d'imaginer. Dominé sur le derrière par un magnifique bois marmenteau, il domine lui-même, par sa façade, un gracieux amphithéâtre de jardins, et avec eux de charmans paysages. Un pareil château, sur la riante colline qui produit les vins exquis de Ju-

rançon, dans la jolie province de Béarn, au milieu du plus aimable peuple de France, et aux
portes de la délicieuse ville d'Henri IV, fait
envier, en passant, le sort du propriétaire.

Une lieue plus loin, on traverse Gan, petite
ville, connue aussi par ses vignobles, rivaux
de ceux de Jurançon, et par des sources minérales, dont on ne fait aucun usage médical. Il
m'a été assuré qu'un particulier avait offert à
la commune d'y construire des bains à ses frais,
moyennant une concession de dix ans, et que
l'offre ne fut pas acceptée.

Cette ville, peuplée de plus de deux mille
habitans, a vu naître l'érudit Pierre de Marca,
auteur de divers ouvrages théologiques et d'une
histoire du Béarn très-estimée, que nous avons
consultée avec avantage. Il fut ministre d'état
en 1662, et nommé à l'évêché de Paris en récompense de son zèle contre le jansénisme; mais
il mourut le jour même où ses bulles arrivèrent,
le 29 juin 1662, à soixante-huit ans. François
Colletet lui fit cette épitaphe bouffonne :

> Ci gît Monseigneur de Marca,
> Que le roi sagement marqua
> Pour le prélat de son église ;
> Mais la mort qui le remarqua,
> Et qui se plaît à la surprise,
> Tout aussitôt le démarqua.

C'est à Gan que se sépare, de la route que nous suivons, celle des Eaux-Bonnes et des Eaux-Chaudes. Pendant que celle-ci remonte la rive gauche de la Née, la route d'Oloron s'élève à droite par une jolie gorge, sur le plateau, d'abord varié et assez riche, ensuite uniforme et couvert de bruyères, qui sépare le bassin de Pau de celui d'Oloron. Ce plateau, peu élevé et peu intéressant, s'embellit de quelque culture à la Grave, lieu désigné pour un relais, et plus encore aux approches d'Oloron, où la route arrive en décrivant un grand arc de cercle vers le sud, pour tourner les nombreuses sources de la Baïse. Comme ces sources ni les courans qu'elles forment ne présentent point de difficultés majeures à vaincre, on a projeté, pour éviter ce détour, une route directe par le bourg de Lasseubé. La distance de Pau à Oloron s'en trouvera plus courte de près d'un tiers.

Oloron est une ville de six milles habitans, Oloron. divisée en haute et basse, et séparée par le Gave d'Aspe d'une seconde ville, ou si l'on veut d'une troisième, *Sainte-Marie*, qui renferme plus de trois mille âmes. C'est en tout neuf à dix mille. Sainte-Marie, quoique formant une commune séparée, n'en appartient pas moins à la même ville, comme tant d'autres, divisées

en plusieurs paroisses, et même en plusieurs
communes. Nos voyages nous ont offert un
grand nombre de villes, ainsi coupées en deux
par une rivière ou un bras de mer , telles que
Baïonne et le St.-Esprit, St.-Jean-de-Luz et Sibourre, dans le même département; St.-Malo
et St.-Servan, dans celui d'Ille-et-Vilaine; Beau-
caire et Tarascon, Avignon et Villeneuve, Tain
et Tournon, dans la vallée du Rhône, etc. Un
grand nombre d'autres villes sont divisées en
haute et basse; mais nulle part, en France, je
n'en ai vu trois ainsi groupées en une seule.

La ville haute pourrait aussi s'appeler *ville
vieille*, comme la ville basse *ville neuve*. La première, perchée sur un mont en cône tronqué, se
compose de trois ou quatre mauvaises ruelles,
aboutissant toutes au sommet, entièrement occupé par une vieille église et une mauvaise halle.
L'église n'est remarquable que par son autel,
moins remarquable lui-même par sa dorure et
sa physionomie espagnole, que par les jolies
colonnes torses dont il est décoré. La halle, malgré sa petitesse et sa vétusté, est toujours celle
des marchés d'Oloron : c'est un égard accordé,
sans contestation, par la ville basse à son aînée,
qui ne se soutient que par ce privilége.

La ville haute est tout au plus pour un quart

dans la population totale de six mille habitans attribuée aux deux. La ville basse s'étend à ses pieds en divers sens, et en représente le faubourg. Elle est traversée par le Gave d'Ossau, qui se réunit, en sortant, avec le Gave d'Aspe, le plus grand des deux, et cette réunion forme le Gave d'Oloron.

La ville de Ste.-Marie, séparée par ce dernier de celle d'Oloron, lui est réunie par un pont très-élevé, au-dessous duquel on voit, à gauche, divers moulins dont ce fougueux torrent menace l'existence dans toutes ses crues. Il a souvent été question de la réunir à sa double voisine qu'elle semble en quelque manière compléter. C'est la plus belle partie du groupe, la mieux bâtie, la mieux percée. Elle se présente assez bien par son quai, qui s'étend jusqu'à l'ancien séminaire. Ce bâtiment a été brûlé, dans la dernière guerre, par des prisonniers espagnols, soit imprudens, soit mal intentionnés. La cathédrale et le palais épiscopal y sont établis : ces édifices ne méritent aucune attention.

C'est dans la ville basse qu'est tout le mouvement et que se fait tout le commerce, dont la principale branche est l'entrepôt des laines d'Espagne, entrepôt extrêmement déchu aujourd'hui, comme on le pense bien. Les oies salées

et les jambons dits de Baïonne , ne se préparent
pas plus à Baïonne qu'à Oloron : c'est l'industrie
de tout le département.

On y fabrique des bas , ainsi que des draperies
grossières connues sous le nom de cordeillat ,
et non moins déchues que l'entrepôt des laines.
On y fait aussi des berrets pour les paysans
du Béarn , et des peignes pour les Espagnols.
Cette dernière manufacture a été perfectionnée
par M. La Fourcade , fabricant, dont les mé-
caniques ingénieuses méritent d'être visitées.

Cette triple ville, siége d'une sous-préfecture et d'un tribunal civil , a deux foires fameuses , le 8 octobre et le 1er. mai. Les voyageurs y trouvent plusieurs auberges. On m'a
conduit à la plus fameuse et je n'en ai pas été
mécontent.

Il n'y a point de promenade publique à Oloron : on ne peut guère qualifier ainsi une chétive terrasse plantée de quelques arbres , qui entoure en partie la ville haute. On y découvre
une belle vue, tant sur les plaines du Béarn que
sur les Pyrénées. Cette chaîne bornant l'horizon
à huit ou dix lieues sud , projette une double
et longue ramification , le long du Gave d'Aspe
jusqu'à deux lieues d'Oloron, et s'éloigne à perte

lieues.

de vue , en s'abaissant vers le sud-ouest.

— *Parcouru depuis Paris.* . . . . . . . . . . . 215

§ 69. *D'Oloron à Bédoux.*                                  6

La route suit la plaine, en s'exhaussant insen-
siblement, et longe, en la remontant, la rive
gauche du Gave d'Aspe jusqu'au village d'Asaspe
situé vers le tiers de la distance. Après ce village,
elle s'abaisse, en s'enfonçant par une forte rampe,
dans la vallée, c'est-à-dire dans les Pyrénées,
et l'on s'étonne d'autant plus d'avoir à descendre
qu'on a remarqué à peine la montée qui règne
depuis Oloron.

On a traversé les deux villages de Garmenson
et d'Arros sans y faire plus d'attention. Les
Pyrénées, qu'on a devant soi jusque-là, fixent
seules les regards : il tarde au voyageur d'y pénétrer ; son impatience est satisfaite après Asaspe.
Deux lieues plus loin, il traverse le Gave sur
le très-beau pont d'Escot, construit en marbre
coquillier.

Après ce pont, on remarque, sur le flanc du
roc escarpé qui domine la route à gauche, une
inscription en partie effacée et couverte par la
mousse. Nous n'en avons pu déchiffrer que peu
de mots, entr'autres, ceux de *restituit* et de *do-
minus.* Ce dernier, tout-à-fait étranger au style
lapidaire des anciens, suffit pour prouver qu'elle
n'est pas romaine, comme le croit le savant

11

Marca, qui prétend y avoir reconnu quelques
traces du nom de Jules-César. Nous ne contes-
terons pas le fait, par respect pour l'érudit
Béarnais; mais, soit que ce nom fût tout-à-fait
oblitéré, depuis près de deux siècles, époque où
la jeunesse de Marca pouvait lui procurer une
vue plus perçante qu'à nous, soit que le grand
nom de Jules-César n'ait jamais figuré dans
cette inscription, nous n'y avons rien vu qui pût
y ressembler. Aucun des habitans que nous
avons consultés, tant dans la vallée qu'à Oloron,
n'a pu nous fixer sur l'origine de cette inscription évidemment moderne, évidence qui est
tout ce que nous pouvons donner de plus posi-
tif à nos lecteurs, en leur transmettant toute
fois la conjecture assez fondée que ce fut un
ancien prince du Béarn qui rétablit cette route
(*restituit*), en faisant escarper à grands frais le
rocher qui l'obstruait; ce qu'il transmit à la pos-
térité par une inscription dans laquelle il ne serait pas impossible qu'il eût rappelé le nom de
Jules-César, comme fondateur présumé de la
route. Un peu plus loin, sont les bains sulfu-
reux d'Escot, qui ne sont fréquentés que par
les habitans de la contrée.

Trois quarts de lieue après, on repasse le
Gave sur le vieux pont et dans le village de Sar-

rans; on le passe encore trois quarts de lieue
plus loin, sur le pont Suson, construit en bois.
Une demi-lieue après, on arrive à Bédoux,
agréable bourg d'environ mille habitans. Il est
situé dans le plus beau bassin de cette vallée,
qui s'élargit de manière à former une grande
étendue de paysages agréablement diversifiés,
comme pour reposer le voyageur de l'espèce d'u-
niformité que lui ont offert jusque-là les défilés
étroits, au fond desquels il était pour ainsi dire
emprisonné. — *Parcouru depuis Paris* . . . .

lieues.

221

---

§ 70. *De Bédoux à Urdos.* . . . . . . . .   4 ½

On sort de ce frais et joli bourg par une superbe allée d'un quart de lieue. Le village qui
se fait remarquer bientôt à droite, de l'autre
côté du torrent, par une tour carrée et très-
haute, est celui d'Osse, peuplé de quinze cents
individus, dont un tiers appartient à la religion
réformée. Les catholiques y ont une paroisse,
et les protestans un temple. C'est là que j'ai
complété mes notes concernant cette route, dans
la maison agréable et hospitalière de M. Lasalle,
dont l'instruction communicative m'a fourni
tous les documens que je pouvais espérer. Il
m'a appris que le bassin de Bédoux, dont son

11*

village fait partie, avec trois autres, renferme
à lui seul, dans sa longueur d'une lieue, plus
de la moitié de la population de toute la vallée,
qu'on porte à douze mille habitans. Un peu plus
loin, toujours dans le même bassin, est le joli
bourg d'Acoux, que le savant d'Anville regarde
comme l'*Aspa luca* de l'*Itinéraire d'Antonin*.
cela peut fort bien être : la position d'*Aspa luca*,
indiquée dans cet Itinéraire comme précédant
celle d'*Iluro* (Oloron), à une distance marquée
xii sur la route de *Cæsar Augusta* (Sarragosse)
à *Beneharnum* (ancienne capitale du Béarn), peut
convenir parfaitement au lieu d'Acoux. Je pense
aussi qu'*Aspa luca* doit avoir donné son nom à
la vallée d'Aspe ; mais le nom moderne d'Acoux,
dans lequel on aimerait à chercher savamment la
corruption du mot antique *Aspa luca*, vient tout
simplement de la nature aqueuse du pays. La
rivière Verte, qui s'y jette dans le Gave, se répand de manière à former un petit lac, et le mot
*acoux* signifie aqueux en patois.

Au sortir du bassin, on ne tarde pas à ren-
trer dans les défilés de la vallée, où on remarque bientôt avec curiosité, sur la droite, d'abord
le pont d'Esquil d'une construction à la fois
ancienne et hardie, et une demi-lieue plus loin
celui de Lescun qui conduit dans la vallée de

ce nom, où, suivant la tradition locale et le témoignage oculaire de plusieurs habitans, six mille Espagnols furent battus dans la dernière guerre par trois cents Français du 5ᵉ. bataillon des Basses-Pyrénées.

Une demi-lieue plus loin on trouve le village d'Aigun, et une lieue plus loin encore celui d'Et. saut, au-delà duquel la route franchit le Gave sur un pont de bois qui réunit deux rochers élevés et comme suspendus sur les deux rives. On voit à ses pieds le torrent rouler dans une profondeur effrayante; après l'avoir traversé encore une fois, on passe le Portalet, vieille fortification détruite dans la dernière guerre par les Espagnols : elle barrait absolument la vallée, et une armée arrêtée par cet obstacle pouvait être facilement détruite, au moyen de l'espèce de retranchement résultant du chemin creusé pour l'exploitation des bois de mâture, dans le roc vertical qui forme le flanc de la montagne opposée.

Urdos est le dernier et le plus triste village de cette vallée qui n'est elle-même nulle part ni plus triste ni plus étroite. C'est aussi le dernier relais français désigné pour cette route. Sa population est d'environ trois cents habitans.

*— Parcouru depuis Paris*. . . . . . . . . . . . 225 ½ lieues.

La vallée s'évase un peu, sans rien perdre de sa physionomie mélancolique et sauvage. Au fond se présente de la manière la plus pittoreque, à une demi-lieue de distance, le mont isolé de la Jaquière, couvert d'une épaisse forêt de hêtres et de sapins. Il semble barrer la vallée; c'est en effet là qu'elle se termine. Au pied de ce mont sourcilleux s'ouvrent deux gorges, l'une à droite l'autre à gauche. Cette dernière, la plus étroite, la plus sauvage, la plus boisée des deux, semble offrir un asile délicieux contre les chaleurs de l'été, nullement étrangères à cette vallée, si l'on n'apprenait que c'est un repaire d'ours. Cette solitude romantique a donc aussi des charmes pour le monstre des Pyrénées, plus ennemi au surplus des troupeaux que de l'homme; malgré cette assurance et cette identité de goût pour la fraîcheur et l'ombrage, je n'ai pas voulu risquer, avec une promenade qui me tentait extrêmement, la rencontre de ce redoutable habitant des forêts.

L'autre gorge est celle que suit le chemin d'Espagne ; il conduit, en tournant la montagne à droite le long du torrent, par des rampes assez douces, mais non encore praticables pour les voitures, jusqu'à Somport. Ce n'est pas, comme le feraient croire certaines cartes, le nom d'un village, mais bien celui du sommet où finit la France avec la montée, et commence l'Espagne avec la descente. Ce qu'on appelle *col* dans les Alpes se nomme *port* dans les Pyrénées. *Somport* est un nom propre composé, dit-on, des mots *sommet* et *port* ; ou plutôt, selon moi, de *summa porta*, nom latin de ce passage lorsqu'il était celui de l'Ibérie dans les Gaules, par la voie romaine dont nous avons déjà parlé.

Ce sommet est élevé de 800 toises au-dessus du niveau de la mer, d'après la mesure que nous avons extraite des registres de l'ingénieur de Pau. Il devrait offrir un asile quelconque, soit hospice, soit hôtellerie, aux voyageurs, ainsi qu'aux troupes qui se rendent d'un royaume dans l'autre par cette direction. Dans la montée on trouve l'auberge de Paillette, près de la forge de Peyrenère ruinée par les Espagnols. La route descend le long d'une gorge et d'un torrent du côté de l'Espagne, comme du côté de la France ; ce torrent devient la rivière d'Arragon.

Les montagnes ont des flancs plus arides, des rameaux moins prolongés, et de plus courtes vallées en Espagne qu'en France.

Canfran est un village comme celui d'Urdos. Jacca, première ville d'Espagne, est une place forte située au débouché de la vallée de Canfran, et peuplée de quatre à cinq mille habitans. C'est là que commencent les plaines et le climat de l'Espagne.

En déposant nos voyageurs dans la première ville d'Espagne, notre tâche est remplie; mais nous ne les quitterons pas sans jeter avec eux un dernier coup-d'œil sur la vallée qu'ils viennent de parcourir avec nous. Parsemée, ainsi que nous l'avons vu, de nombreux villages, elle est aussi intéressante qu'aucune de celles que se sont creusés dans le Béarn les nombreux affluens de l'Adour. Elle nous a offert peu de culture, excepté dans le bassin de Bédoux, mais beaucoup de nature, beaucoup de rochers à masses énormes, à parois verticales, généralement calcaires, rarement schisteux, jamais granitiques. On n'y extrait l'ardoise, qui sert à la couverture des toits dans toute la vallée, qu'aux environs de Bédoux, où nous en avons laissé une carrière sur notre gauche.

Si les hommes offrent un beau physique, dans

cette vallée comme dans la plaine du Béarn,
il n'en est pas de même des femmes. Je n'ai
point trouvé dans l'un ni l'autre sexe, cette
propreté, je dirai presque cette tournure, cette
élégance champêtre qui m'avaient frappé parmi
les habitans de la plaine, non plus que cette
étonnante civilisation qui les caractérise, et
qui en fait, comme nous l'avons répété, d'a-
près M. Ramond, le peuple le plus aimable de
France. Toutefois nous avons trouvé la civilisation à son plus haut degré dans le bassin de Bédoux, où elle paraît se ranimer, pour décroître
ensuite, à mesure qu'on avance vers la frontière; et c'est moins par l'effet du commerce de
fréquentation qu'entretiennent les habitans avec
leurs voisins, que par l'habitude du commerce
frauduleux de frontière, autrement dit la con-
trebande, qui démoralise partout les habitans
des montagnes formant les limites des empires;
sur-tout quand elles sont pauvres et ne fournissent pas d'autre ressource à leur industrie. Les
habitans des divers villages répandus dans le
riche bassin de Bédoux, trouvant de quoi exer-
cer la leur dans les ressources agricoles qu'offre
leur pays, n'ont point de raison pour préférer
à ces innocentes et lucratives occupations, la
pénible, immorale et dangereuse profession de

contrebandier. Ainsi, ces deux parties d'une
même contrée nous offrent une double preuve
de l'influence du sol sur les habitans.

Je n'ai pas rencontré un seul cretin ni un
seul goîtreux dans cette vallée. Les cagots, cette
race maudite qui avait, peu de temps avant la
révolution, ses habitations isolées, ses portes et
ses bénitiers à part, dans les églises, n'y sont
plus connus. Leur bénitier existait encore à Bédoux, lors de mon passage ; mais la proscription
n'existe plus depuis long-temps, soit par l'effet
de la commisération publique, soit par celui
des progrès de la civilisation, ou par les chan-
gemens que la révolution a opérés dans les idées
et les usages héréditaires. Eh ! plût à Dieu que
ses résultats moraux se fussent bornés là !

Mais qu'est-ce que ces races proscrites ? Nous
ne repousserons pas, avec M. Ramond, la possibilité, sinon la probabilité que ce soit les restes
de ces lépreux dont nos ancêtres avaient rélé-
gué les nombreuses victimes loin de toute société, dans des hospices nommés léproseries,
hospices que l'air vif et la solitude des Pyrénées ont dû faire multiplier plus qu'ailleurs.
Pourquoi ceux qui auront survécu à la contagion
n'auraient-ils pas adopté les lieux où ils avaient
été relégués, les seuls où on les souffrît ? Leur

existence, au milieu d'une population saine qui, pour se conserver telle, évitait d'avoir avec eux le moindre contact, a été, a dû être une longue proscription, qui s'est perpétuée de siècle en siècle, jusqu'à nos jours.

Nous trouverons encore plus de fondement à la conjecture de Marca, qui croit découvrir l'origine des cagots dans la décomposition des deux syllabes qui composent ce mot, *ca*, signifiant chien en langage gascon; et *got*, qui rappelle un des peuples dévastateurs de l'Europe. Poursuivis et chassés à leur tour par d'autres barbares ou par les Gaulois, les Francs et les Romains réunis, ils durent se réfugier dans les seules contrées qui leur offraient un asile et s'y perpétuer, dans un état de proscription religieuse, proscription qui tenait moins à la différence de nation, qu'à celle de religion : les Goths étaient ariens.

On nourrit et l'on élève dans ces montagnes beaucoup de bestiaux et de chevaux. On y fait peu de fromage, produit le plus ordinaire et le plus précieux des grands pâturages. Les pâturages, au surplus, du moins sur les flancs escarpés qui bordent la vallée, sont couverts et infestés de buis ou autres arbrisseaux. Il y a quelques belles forêts de sapins; nous n'en avons vu qu'une grande, qui est en exploitation pour la marine.

Plusieurs habitans de cette vallée se consacrent à la chasse de l'ours et s'en font une espèce de profession; ce qui prouve que les ours sont nombreux dans cette partie des Pyrénées. Leur plus intrépide destructeur, fameux par ses exploits multipliés en ce genre, a été tué à l'âge de quatre-vingts ans, en défendant la forge de Peyrenère contre les Espagnols. Les chasseurs trouvent aussi des sangliers, des isards et une petite espèce de cerf, que l'on dit n'être pas plus grand que le chevreuil. Je ne parle pas de l'aigle, qui a établi son empire dans les Pyrénées, comme dans les Alpes, non plus que de la chasse aux palombes, me réservant de raconter, dans une autre route de la même contrée, cette intéressante chasse dont j'ai été témoin.—*Parcouru depuis Paris jusqu'à Jacca.* . . . . . . . . . . . . . . . . . 238

lieues.

FIN DE LA 4ᵉ. ROUTE DE PARIS EN ESPAGNE.

# COMMUNICATION

## DE BAÏONNE A PAU, PAR ORTHÈS.

———————

Après avoir gravi, par une montée courte et facile, la colline qui se présente à la sortie du St.-Esprit, on laisse à gauche le chemin de la citadelle, et en face la route de Bordeaux, pour prendre à droite celle de Toulouse. Elle est bordée de maisons de campagne, l'espace d'une demi-lieue, après quoi la terre livrée à elle-même, offre beaucoup de landes hérissées d'ajonc ou genêt épineux. C'est un pays de nature montagneuse, sans aucune montagne proprement dite : la principale hauteur ne s'élève pas à cinquante toises au-dessus du niveau de l'Adour, qui coule à peu de distance à droite, et qui, recevant la marée, est lui-même au niveau de l'Océan.

Le relais de Biaudos est dans une maison

seule, dépendante d'une paroisse de ce nom,
dont on voit le clocher à peu de distance sur la
droite. On longe, en même temps à gauche, le
beau château du même nom, devenu depuis
peu la propriété de M. Basterrèche, négociant
de Baïonne. Un autre château qu'on voit du
même côté, une demi-lieue plus loin, est celui
de Biarotte, appartenant à M^me d'Olce. On voit
le pays plus cultivé, en s'approchant de l'Adour,
qu'on traverse sur un pont de bois au Port de
Lanne, village situé sur la rive opposée, une
demi-lieue au-dessus de son confluent avec le
Gave. Le nom de ce lieu rappelle le bac qui servait naguère au passage de l'Adour. Ce village,
ancien lieu de relais, est à une demi-lieue de
l'embouchure du Gave dans l'Adour.

Le confluent s'opère avec une majesté qui
m'a rappelé celui de la Garonne et de la Dor-
dogne au *Bec-d'Ambès.* L'extrémité de la langue
de terre qui forme le *Bec-du-Gave* ( c'est le
nom qu'on donne à celui-ci) est occupé par une
des plus belles et sur-tout des plus agréables
maisons de campagne du département. Elle a
été bâtie par un riche négociant hollandais qui
porta, m'a-t-on assuré, le luxe de cette construction, jusqu'à faire venir de son propre pays et
conduire à pleines voiles, sur les marais qui de-

vaient faire place à ses bâtisses et à ses jardins,
des cargaisons de débris. C'est sur ces matériaux
qu'ils reposent. L'édifice est construit, comme on
pense bien, sur pilotis; les talus des terrasses
sont des ouvrages magnifiques.

Cette immense dépense était justifiée par une
immense fortune et par un des plus beaux sites
du monde. Les descendans de ce millionnaire
ont été forcés d'aliéner le château qu'il avait
fait construire à si grands frais. M. Labarthe,
ancien négociant de Baïonne et maître de poste
de Peyrehorade, en était l'acquéreur lorsque
je l'ai visité. Ce qui m'en a le plus charmé, est,
après son magnifique horizon, la double terrasse qui règne sur les deux rivières.

Un quart de lieue au-dessous de cette embouchure, est celle de la Bidouze, et sur la rive
droite de cette dernière rivière, deux lieues au-
dessus de son confluent, le bourg de Bidache,
chef-lieu d'une principauté de l'illustre maison
de Grammont qui y prétendait le titre de sou-
veraineté. Le château en est magnifique. La population s'élève à moins de mille habitans, ou
à plus de deux mille, suivant qu'on y comprend
ou n'y comprend pas toute la commune.

Revenant à Port de Lanne, nous n'irons pas
plus loin sans relever une erreur presque géné-

rale qui fait arriver les sables des landes de Bordeaux jusqu'à l'Adour, dont la rive septentrionale serait leur limite, comme la rive méridionale est celle des collines caillouteuses du Labourd et des campagnes argileuses de la Chalosse. A Dax, l'Adour sépare véritablement les sables des terres grasses; mais à Baïonne et à Port de Lanne, ils n'arrivent nullement jusqu'à cette rivière; un plateau nous en sépare, plateau que nous venons de parcourir depuis Baïonne, et que nous avons traversé à Ondres, en arrivant dans cette ville.

Le Gave, que nous allons cotoyer à plus ou moins de distance sur la droite jusqu'à Pau, sépare ici le pays basque de la Chalosse. L'extrême propreté qui distingue le premier de ces deux pays est imitée dans l'autre; on remarque sur les deux rives la même blancheur de maisons, et les habitans diffèrent peu dans leur costume, comme dans leur physique, à la seule exception de la berrette, qui est bleue dans le pays basque, et grise dans la Chalosse.

En parcourant cette dernière contrée, on cotoie l'autre continuellement, sans pourtant l'avoir toujours en vue, depuis Port de Lanne jusqu'à Peyrehorade, petite ville de quinze à dix-huit cents habitans, située au pied d'une petite colline sur la rive droite du Gave de Pau, en face de son confluent avec celui d'Oloron. Elle a un marché considérable tous les mercredis, et un château moderne d'une forme élégante. Il appartenait, avant la révolution, à M. de Copenne, descendant de ce fameux d'Orthez qui refusa d'exécuter à Baïonne les ordres sanguinaires de Charles IX. Ce château est aujourd'hui converti en hospice. — *Parcouru depuis Baïonne.* . . . . . . . . . . . . . . . . . . 9

lieues.

La belle et riche plaine qu'on traverse depuis Port de Lanne est interrompue, une lieue après Peyrehorade, par une colline qu'on franchit immédiatement avant Cauneille, petit village, ancien lieu de relais, où on laisse un château à une portée de fusil sur la gauche, au pied de la descente. Au hameau de la Battut, vers le milieu de la distance, un chemin qu'on laisse à droite mène à Sallies, ville très-petite, mais très-intéressante par la fontaine salée dont elle tire son nom.

Elle est à une lieue de la route et ne renferme que six à sept cents habitans, dont les

plus anciéns sont co-propriétaires de la fontaine
qui fait la richesse et constitue l'importance de
ce lieu. Le sel qu'elle produit est d'une qualité
supérieure, à laquelle on doit celle des salaisons
renommées de ce département, et sur-tout de
ses fameux jambons connus sous le nom de jambons de Baïonne. Cette fontaine a un autre avantage, celui de joindre la quantité à la qualité,
l'eau étant assez chargée de matières salines pour
pouvoir être portée de suite dans les chaudières,
où elle subit son évaporation, sans passer, comme
celle de Lons-le-Saulnier et autres, par les bâtimens de graduation, destinés à retenir, avec les
parties terreuses et hétérogènes, une portion de
la substance purement aqueuse, pour acquérir
le degré nécessaire à l'évaporation. Lorsque les
eaux de pluie parviennent dans la fontaine de
Sallies, elles ne s'y mêlent pas, elles restent dessus, étant plus légères : un œuf sert d'hydromètre
pour séparer l'eau douce de l'eau salée, en plon-
geant dans l'une et surnageant sur l'autre.

La route qui longe à gauche, depuis Peyrehorade, une suite de coteaux de vignes, en
franchit un rameau avant Cauneille, s'y engage après ce hameau, et devient un peu montueuse jusqu'à ce qu'elle regagne la plaine, en
approchant à Puyoo. On traverse sur un pont de

pierre, avant ce joli village, un petit ruisseau
formant la limite du département des Landes,
que nous quittons, avec celui des Basses-Pyrénées où nous entrons, limite qui était jadis une
frontière, celle de la Navarre et de la France.

On remarque à Puyoo cette extrême blancheur des maisons, cette propreté générale dont
nous avons déjà parlé, comme ne distinguant pas
moins le Béarn que le pays basque. Aucune
plaine de France ne m'a plus rappelé les villages
et les plaines de la Flandre. La vue continuelle
des Pyrénées, qui embellit ici, en les termi-
nant, les plaines du Béarn, est la seule différence. La richesse du territoire de Puyoo, qui
rend de neuf à dix pour un est une ressemblance de plus.

La route parcourt encore cette plaine durant
une lieue, après quoi elle s'engage de nouveau
dans de petites collines, aussi cultivées que fertiles. Au bout d'un quart de lieue, on trouve
le village de Ramoux, à mi-chemin la fourche
d'un second embranchement conduisant à Sallies, et immédiatement après on longe à droite
le village de Baigts, entre la route et le Gave.
On peut voir sur cette rivière, diverses pêche-
ries de saumons et d'aloses, entre Puyoo et
Orthès.

12*

Orthès. Cette ville, peuplée de six à sept mille habitans, avec sous-préfecture et tribunal civil, est
agréablement située sur la rive droite du Gave
de Pau, qui coule ici dans un lit très-escarpé.
Les rochers calcaires à travers lesquels il se pré-
cipite, offrent des points de vue pittoresques.
Deux de ces rochers forment la double culée
d'un très-étroit et très-gothique pont qui éta-
blit la communication de la ville avec son faubourg. Ce pont et la tour qui s'élève sur son
unique pile ne seraient pas oubliés dans le tableau que pourrait esquisser en passant un
paysagiste, à la vue de ce torrent et de ces rives.
C'est du haut de cette tour, dit-on, que les cal-
vinistes jetaient dans le Gave les prêtres catholiques qui ne voulaient pas embrasser leur
religion. Cette secte dominante alors dans Orthès, où elle avait une université fondée par
Jeanne d'Albret, reine de Navarre, est encore
professée par un tiers ou un quart des habitans.
Ils y ont un temple.

La ville, passablement bâtie et percée de
même, n'a de remarquable d'ailleurs, après le
pont et les bords du Gave dont nous venons de
parler, que les ruines du château de Moncade,
qui disparaissent même encore tous les jours.
De la hauteur qu'il occupait, on voit un horizon

très-étendu : on m'y a fait compter les six
routes qui aboutissaient à cette ville, pour me
donner une idée de son ancienne importance,
au temps où les princes de Béarn en faisaient
leur séjour.

Ces routes sont, outre celle que nous parcourons, celle de Paris en Espagne par St.-Jean-
pied-de-Port, déjà décrite page 113 ; celle de
Dax, qui ne passe que par des villages ; enfin celle
d'Oloron par Monein, joignant celle de Paris
en Espagne par Pau et la vallée d'Aspe. (*Voyez
cette dernière route dans la communication ci-
après.*)

Orthès fait un assez grand commerce de salaisons, et sur-tout de jambons ; c'est la principale
source de ceux de Baïonne. On y fabriquait jadis
beaucoup de toile, sur-tout du linge de table,
articles bien déchus aujourd'hui. Il y a des tanneries et des mégisseries, des marchés considérables tous les mardis, où l'on vend beaucoup de
grains et de bestiaux, et deux foires importantes
le 1ᵉʳ. octobre et le 1ᵉʳ. juin.

La ville d'Orthès n'a pas de fontaine publique, et paie l'eau à raison de 5 sous par voyage aux
porteurs qui vont la chercher dans les environs.
Les voyageurs, les Parisiens sur-tout, qui ne
paient l'eau que 2 sous la voie, doivent trouver

celle d'Orthès bien chère, en considérant sur-
tout que le Gave qui sépare cette ville de son
faubourg, lui offre une eau vive et limpide, non
inférieure et préférable peut-être à celle de tant
d'autres rivières qu'on ne craint pas de boire.
On ne s'en sert que pour laver : elle alimente
un établissement de bains publics.

Le territoire, ou plutôt la ville d'Orthès, a
été, en 1814, le théâtre d'une bataille où
vingt mille Français, commandés par Soult,
soutinrent le choc de soixante-dix mille Anglais,
Espagnols et Portugais commandés par lord
Wellington, qui n'acheta la victoire qu'en laissant dix à douze mille morts sur le champ de
bataille. Les Français, m'a-t-on assuré, n'en
perdirent pas plus de trois mille. Leur quar-
tier-général était dans un faubourg, et celui
des Anglais dans la ville. — *Parcouru depuis* <sub>lieues.</sub>
*Baïonne* . . . . . . . . . . . . . . . . . . . . 16

§ 5. *D'Orthès à Artix*. . . . . . . . . . . . 5
§ 6. *D'Artix à Pau* . . . . . . . . . . . . . 5

Route plate et alignée, pays toujours agréable et toujours fertile : maïs et froment, point
de jachères. Les collines qu'on continue à longer
à gauche, soit qu'elles s'éloignent, soit qu'elles

s'abaissent, finissent par disparaître à la vue et
se confondre avec la plaine. Les cailloux, antique
que dépôt du Gave, qui forment le fond de
cette plaine, se montrent peu à la surface, re-
couverte d'une excellente couche végétale, à
laquelle elle doit sa fertilité ; leur grande quantité ne se décèle que par les murs des maisons,
qui en sont bâties en entier. Les toits, couverts
en ardoises beaucoup plus qu'en tuiles, nous
avertiraient du voisinage des Pyrénées où sont
les ardoisières, si nous n'avions longé sans discontinuer, à peu de distance sur notre droite,
cette immense chaîne depuis Baïonne.

Elle ne nous montre d'abord que ce groupe
de dos-d'âne, aux cimes rembrunies, qui forment sa base occidentale, dans le territoire
babité par les Basques ; mais ces collines, dominées par les deux hautes cimes de l'Arrhune
et des Trois-Couronnes, vont s'exhaussant graduellement, et ne tardent pas à devenir des
montagnes, en se hérissant de crêtes escarpées,
et se couvrant çà et là de tapis de neige, moins
clairsemés à mesure qu'on avance. Ces tapis dé-
croissent journellement, de nombre comme
d'étendue, au temps des grandes chaleurs, qui,
lorsqu'elles sont soutenues, finissent par les faire
disparaître entièrement, du moins à la vue : la

neige ne s'éternise que dans quelques fondriè-
res, cachées ordinairement par les crêtes avan-
cées qui les masquent, en dérobant aux regards
la chaîne centrale. C'est à cette chaîne qu'appartient le Pic du midi de Pau, qui domine
toute cette partie des Pyrénées, et non aux
groupes de chaînes tranversales, qui bornent,
avec lui, l'horizon. Il se montre dans le lointain, au travers d'une espèce d'échancrure qui
n'est autre chose que la vallée creusée par le
torrent d'Ossau. La hauteur moyenne de ce
pic, mesurée par M. Flamichon, est (à quelque
chose près sans doute), de quatorze cent sept
toises au-dessus du niveau de la mer. Nous
l'avions approximativement estimée, d'après
la donnée des comparaisons, entre quatorze
et quinze cents toises, avant de connaître les
mesures qui en ont été prises. Nous évaluons,
d'après les mêmes données, entre mille et
douze cents toises, le reste de la chaîne dans
cette partie; on voit combien elle a fait de progrès, depuis les bords de l'Océan où elle commence par des collines hautes de quinze à vingt
toises, dominées, il est vrai, par la montagne
de l'Arrhune, qui s'élève, sans aucun gradin
intermédiaire, comme un géant au milieu d'une
foule de pygmées, jusqu'à la hauteur de huit

cents toises, ainsi que nous l'avons déjà dit. Aussi ce mont écrase-t-il de beaucoup toutes les hauteurs qui l'entourent, sauf celle des Trois-Couronnes, de l'autre côté de la Bidassoa. Le Pic du midi de Pau, comme celui de Bigorre, ne paraît excéder que de peu de chose les sommités voisines.

Si l'ardoise signale ici la proximité des Pyrénées, il n'en est pas de même des cailloux qui ne leur appartiennent pas moins, mais que les torrens charrient et déposent dans les plaines, souvent à de grandes distances des monts d'où ils sont en quelque sorte originaires. Dans les montagnes, ce sont encore des blocs que les eaux ne peuvent mettre en mouvement qu'avec une extrême lenteur, jusqu'à ce que diminués, élaborés, pour ainsi dire, par de continuelles érosions et par celle des siècles, ils deviennent de plus en plus mobiles, et diminuent en s'avançant vers les plaines, différens en cela des torrens qui les roulent, et qui croissent en s'éloignant de leur berceau. Cet effet de la nature a été rendu par Délille, dans le vers suivans :

Ce marbre fut un bloc, ce bloc n'est plus qu'un grain.

Ces cailloux forment, comme on pense bien, de mauvais matériaux pour la construction ; et

cependant les maisons ne manquent pas de solidité, au moyen de l'excellent mortier qui les
lie ensemble, et devient presque aussi dur
qu'ils le sont eux-mêmes. Au surplus; ils annoncent la pénurie des autres matériaux, et
l'éloignement des carrières.

L'ardoise des Pyrénées est d'un gris de fer
pâle et sans éclat, ce qui la rend bien inférieure
en beauté à l'ardoise azurée d'Angers. Si l'on
voit, entre Baïonne et Peyrehorade, quelques
châteaux couverts en belles ardoises, elle a
été tirée d'Angers par mer; rien ne prouve
mieux l'infériorité de celle des Pyrénées.

Quelques lieux peu remarquables ne méritent pas d'être nommés entre Orthès et Artix,
village de six à sept cents habitans, situé au
milieu d'une vaste plaine, plus riche en apparence qu'en réalité. Son sol, extrêmement cail-
louteux, doit son produit de cinq à six pour
un aux soins d'un peuple éminemment agri-
cole, qu'on peut regarder comme des un plus
industrieux de France.

Une lieue et demie après Artix, on longe à
droite le village de Danguin, et une demi-lieue
avant Pau, on voit, à quelques portées de fusil, sur la gauche, et sur un très-petit coteau,
la très-petite ville, ci-devant épiscopale, de

Lescar. Elle est peuplée de dix-huit cents à deux mille habitans, et prétend avoir été la résidence des souverains de la Navarre, avant l'existence de la ville et du château de Pau. L'historien Pierre de Marca dit que cette ville a succédé au *Beneharnum* ou *Benarnus* des anciens. C'était la capitale de ce pays, qui en a pris son nom de Béarn.

Le savant d'Anville combat l'opinion du savant Marca, en établissant ailleurs la position de Beneharnum. « Quoi qu'il en soit, dit Expilly, la ville de Beneharnum ayant été détruite par les Normands, l'an 845, il n'en fut plus question. L'an 980, Guillaume Sanche, duc de Gascogne, bâtit la ville de Lescar sur une colline : elle souffrit beaucoup à l'occasion des guerres de religion, en 1569. Le comte de Montgomery dépouilla les églises de tous leurs vases, et ruina les tombeaux des princes de Béarn qui étaient dans la cathédrale. »

Elle avait un collége dirigé par les Barnabites, dont l'édifice fait encore son plus bel ornement. Des spéculateurs irlandais y avaient établi une fabrique qui languissait en 1814.

Un peu plus loin commence et règne, comme un magnifique rideau de verdure, au-delà du Gave, le joli coteau de Jurançon, connu par ses excellens vins, et décrit à l'article de Pau.

Là route, aux approches de Pau, perd son alignement en tournant à gauche, et s'enfonce entre deux petites collines, dont une est remarquable par le joli bosquet qui en couvre toute la surface : c'est le parc du château des rois de Navarre. Ce joli parc, et le vieux château qui se présente en face du voyageur, annoncent noblement le berceau du grand Henri. C'est tout ce qu'on voit de cette ville, jusqu'à ce qu'on y arrive par la place de la Comédie. (*V. pour la description de Pau, la* 4e *route de Paris en Espagne.*)

FIN DE LA COMMUNICATION DE BAÏONNE A PAU.

# COMMUNICATION

## D'ORTHÈS A OLORON,

FAISANT PARTIE D'UNE 5ᵉ. ROUTE DE PARIS EN ESPAGNE,
PAR LA VALLÉE D'ASPE.

### 8 lieues.

PLAINE entrecoupée de collines : culture va-
riée, avoine, maïs, et froment, qui rend ici,
comme dans presque tout le reste du Béarn,
cinq à six pour un. Beaucoup de vignes autour
de Monein, ville peuplée de quatre mille habitans, et remarquable par une magnifique place
où aboutissent toutes les rues de la ville et où
se croisent à angles droits, la route que nous
suivons avec celle de Pau à Navarreins et Mau-
léon, deux petites villes peuplées de onze à
douze cents habitans chacune. La première est
une petite place de guerre de forme carrée avec
quatre bastions, bâtie par Henri d'Albret, roi
de Navarre. Elle est percée de rues larges et
droites, et nous a paru une des plus jolies villes

du département, comme la jolie plaine où elle est située en est un des pays les plus fertiles. La seconde, qui est le siége d'une sous-préfecture, était autrefois la capitale du pays de Soule. Elle est située sur le Gave de Soison. C'est là, dit-on, que les Vascons ou Basques formèrent leur premier établissement, lorsqu'ils franchirent les montagnes. On dit que les anciens seigneurs de Soule remirent leur château et leur pays à Philippe-le-bel, plutôt que de reconnaître les rois d'Angleterre en qualité de ducs de Guienne. Cette ville a donné naissance à Henri Sponde, écrivain célèbre du dix-septième siècle, continuateur des Annales du cardinal Baronius. Il eut Henri IV pour parrain, et fut élevé par son père, secrétaire de Jeanne, reine de Navarre, dans le calvinisme, qu'il abjura. Il mourut à Toulouse, évêque de Pamiers en 1643.

La route que nous suivons est praticable aux voitures. Elle traverse quelques villages, avant et après Moneins, dont les environs renferment des mines de cuivre, de plomb et de fer.

FIN DE LA COMMUNICATION D'ORTHÈS OLORON.

# APERÇU

## DU DÉPARTEMENT DES LANDES.

Toutes les idées de misère et de stérilité se rattachent au nom du département des Landes; deux puissantes raisons s'opposent à ce que cette prévention générale soit confirmée par la réalité : 1°. tout le département n'est pas en landes, il embrasse au S.-E. les terres grasses et fertiles de la Chalosse, qui occupent à peu près un quart de son étendue, et renferment une moitié de sa population ; 2°. les landes même ne sont pas aussi infertiles qu'on le croit communément; leurs arides sables n'attendent, pour devenir féconds, que la charrue et l'engrais ; ils repoussent le froment; mais nous avons vu que, bien amendés, ils produisent le seigle en abondance. De plus ces landes sablonneuses nourrissent une grande quantité de troupeaux, qui donnent le moyen de prodiguer le fumier aux petites portions qu'on met en culture. Au seigle succèdent le panis, le millét ou le maïs, qui fournissent la principale nourriture des habitans, accoutumés à manger ces derniers grains en une sorte de pain gras et spongieux qu'ils appèlent millade. Ces champs, clairsemés comme les habitations, font plus que suffire à la consommation locale. Le seigle des Landes contribue à l'approvisionnement des marchés voisins. Les labours s'y font avec les bœufs et les vaches, dont on voit les maigres troupeaux errer dans ces vastes pâturages, qui nourrissent aussi beaucoup de chèvres et une chétive race de chevaux.

On juge déjà que la vente de l'excédent, sinon de leurs grains, au moins de leurs agneaux et de leur laine, doivent porter l'aisance parmi les Landais; mais si l'on joint encore à ces exportations celle des résines et des bois de mâture que fournissent leurs immenses forêts de pins, ainsi que du miel et de la cire que produisent leurs ruches, loin que la misère soit leur apanage, on pourrait au contraire les dire riches, ce qui détruit entièrement l'idée qu'on se fait des Landes. Il n'en serait pas de même si elles étaient peuplées en proportion de leur étendue, comme le reste du département.

La grande population est ordinairement la compagne et même la preuve de la prospérité : dans les Landes, elle serait accompagnée de la disette. Pour y être heureuse, elle a besoin d'être clairsemée.

Ce qui constitue le véritable malheur du Landais est l'insalubrité de l'air humide qu'il respire et de l'eau saumâtre qu'il boit. Ce dernier inconvénient est vraisemblablement sans remède, la ressource des citernes n'en étant pas une dans un pays aussi vaste. Ils doivent à cette double cause, avec un teint livide et plombé, une complexion généralement faible, et les fièvres malignes qui les affligent au commencement de l'automne, peut-être aussi les maladies épizootiques auxquelles sont sujets leurs bestiaux. Néanmoins ces hommes maigres, pâles et fluets, supportent, comme d'autres, les travaux de l'agriculture, et plus qu'on ne croirait, l'intempérie des saisons et du climat; mais ils ne poussent pas loin leur carrière. L'insalubrité, moindre dans la partie orientale des Landes, qui est la plus élevée et la plus éloignée de l'Océan, va croissant à mesure qu'on approche des côtes. Cependant, sur les côtes même, l'air salin de la mer, et peut-être les vastes forêts de pins qu'on y cultive, neutralisent un peu les gaz qu'exhalent l'eau croupissante et la vase à demi-desséchées des marais.

L'habitant des Landes littorales réunit toutes les ressources qui constituent la richesse des Landais du centre et de l'est, et, plus qu'eux, les deux principales, la résine et les bois, tant de mâture que de planches et de construction, les forêts y étant incomparablement plus étendues. A ces ressources multipliées ils joignent encore celles de la pêche et des marais salans, sans compter quelques établissemens de forges. Ainsi, quand les Landais du centre sont riches, ceux du littoral sont opulens. Au surplus, cette opulence est celle des seuls proprié-taires, et il s'en faut de beaucoup que tous les paysans le soient dans les Landes, comme nous verrons qu'ils le sont tous, ou presque tous, dans le Béarn.

Ici les non-propriétaires sont en grand nombre, et cette classe est vraiment malheureuse; c'est elle qui se consacre à la pénible garde des troupeaux : ce sont ces gardiens qui vont au loin promener les brebis de leurs maîtres de désert en désert, bravant le froid, le chaud et la pluie, sous les peaux de mouton dont ils sont cou-verts, traversant les marais sur leurs longues échasses, franchissant, avec ce secours, les fossés et les haies, s'appuyant, s'asseyant, pour ainsi dire, quand ils s'ar-rêtent, sur le long bâton qui leur sert à maintenir leur équilibre, quand ils marchent, de manière que ce bâ-ton forme alors avec les deux échasses, un véritable trépied.

Le Lanusquet (c'est le nom que l'habitant des Landes

13

reçoit de ses voisins) est, après le Bas-Breton, le peuple de France qui approche le plus de l'état sauvage. Si l'on ne doit point chercher dans ce pays les avantages de la civilisation, on y trouve au moins les vertus qu'elle semble exclure. S'ils sont ivrognes, malpropres, etc., ils sont bons, francs, hospitaliers.

Entr'autres usages ou traits particuliers propres à les caractériser, nous n'en citerons qu'un seul que nous retrouvons dans plusieurs auteurs, et que nous croyons devoir emprunter de préférence à l'Ermite en province.

« Le garçon qui veut obtenir la main d'une jeune fille, se rend au milieu de la nuit à la maison du père, accompagné de deux amis qui portent chacun une cruche de vin; il frappe et demande une entrevue qui n'est jamais refusée; toute la famille se lève et prend place autour de la table; on sert des *cruchades*, des omelettes au lard, et on vide les deux cruches, en racontant des histoires *d'hommes marins*, de *maiges*, de *sorciers* et de *revenans*, sans dire un mot de l'objet pour lequel la famille s'est assemblée : à la pointe du jour (le repas doit se prolonger jusqu'à ce moment), la jeune fille se lève et va chercher le dessert, qui décide sans retour du sort du poursuivant : au nombre des mets qu'elle apporte s'il se trouve une assiette de noix, le galant est congédié, et la porte de ce logis se ferme sur lui pour jamais. *C'est un galant à la noix*, expression usitée dans le pays pour désigner celui dont les poursuites ont été rejetées. »

Après les détails dont nous avons déjà parsemé la route des grandes Landes, nous croyons n'avoir rien omis ici de ce qui peut intéresser nos lecteurs sur cette contrée extraordinaire; nous n'aurons rien omis non plus sur la

Chalosse, si nous ajoutons à ce que nous en avons déjà dit, que sa principale richesse est en vignobles, et que l'habitant y est aussi bien constitué, aussi industrieux que l'est peu celui des Landes. Nous avons vu que ce dernier pays présente une longueur de plus de cinquante lieues du nord au sud, mesurée sur la route directe de Bordeaux à Baïonne; cette longueur peut être partagée entre le département des Landes et celui de la Gironde, de manière à n'en laisser à ce dernier que les deux cinquièmes. C'est trente lieues pour celui des Landes, qu'on peut réduire à vingt-cinq de longueur moyenne. On peut évaluer sa plus grande largeur à vingt-cinq, et sa largeur moyenne à vingt; c'est donc vingt-cinq lieues à multiplier par vingt, ce qui nous donnera cinq cents lieues carrées de surface, lieues de poste s'entend, le lecteur sait que nous n'en admettons pas d'autres dans notre ouvrage. Sur cette surface, divisée en trois arrondissemens, savoir : Mont-de-Marsan, Dax et St.-Sever, est disséminée une population de deux cent cinquante mille habitans, ce qui donne cinq cents individus par lieue carrée. Cette proportion serait à peu près double dans la Chalosse et moindre de moitié dans les Landes, si les populations étaient évaluées séparément.

On remarque qu'il n'y a aucun chef-lieu dans le centre ni dans l'ouest des Landes. Il eût été difficile d'y trouver un lieu propre à recevoir une administration publique. On remarquera aussi que ce vaste plan horizontal n'est interrompu par aucune colline, mais seulement parsemé de quelques monticules ou mamelons dont la forme et la nature décèlent d'anciennes dunes. La côte en est hérissée. Pour en arrêter les progrès et la mobilité, le célèbre ingénieur Brémontier a trouvé le moyen de les fixer avec des semis de pins. Dans certaines parties, notamment au Cap-Breton, elles ont été plantées de vignes, et les vins qu'elles produisent jouissent d'une réputation méritée.

On a proposé un canal, le long de ces dunes, pour atteindre le double avantage d'ouvrir un écoulement aux eaux stagnantes et d'offrir une navigation intérieure entre Bordeaux et Baïonne. Nous ne sommes pas fixés sur la possibilité de ce canal, au milieu des sables mobiles qui ne tarderaient pas sans doute à le combler. Le canal projeté de Mont-de-Marsan à Langon par la Douze et le Ciron, présenterait moins de difficultés et plus d'avantages peut-être.

FIN DE L'APERÇU DU DÉPARTEMENT DES LANDES.

# LIEUX D'ÉTAPES

## SUR LES ROUTES CONTENUES DANS CE VOLUME,

### AVEC LES DISTANCES EN LIEUES DE POSTE.

---

*Route de Bordeaux en Espagne par les grandes Landes.*

*Route de Bordeaux en Espagne par les petites Landes.*

*Route de Bordeaux en Espagne par Orthès et Saint-Jean-pied-de-Port.*

Lieues de poste.

| | |
|---|---|
| De Bordeaux à Mont-de-Marsan (*v. ci-derrière*). | |
| De Mont-de-Marsan à Hagetmaü [p. 115]. . | 7 1/2 |
| D'Hagetmau à Orthès [p. 116] . . . . . | 6 |
| D'Orthès à Sauveterre [p. 117]. . . . . | 4 1/2 |
| De Sauveterre à St.-Palais [p. 117]. . . , | 3 |
| De St.-Palais à St.-Jean-pied-de-Port [p. 118] | 3 |
| De St.-Jean-p.-de-Port à Roncevaux [p. 122] | 5 |

*Route de Bordeaux en Espagne par Pau et la vallée d'Aspe.*

| | |
|---|---|
| De Bordeaux jusqu'à Roquefort (*v. ci-derrière*). | |
| De Roquefort à Aire [p. 128] . . . . . | 9 |
| D'Aire à Garlin [p. 130]. . . . . . . | 4 |
| De Garlin à Pau [p. 133]. . . . . . . | 8 |
| De Pau à Oloron [p. 154]. . . . . . . | 7 |
| D'Oloron à Bédoux [p. 161] . . . . . . | 6 |
| De Bédoux à Urdos [p. 163]. . . . . . | 4 1/2 |
| D'Urdos à Canfran [p. 166] . . . . . . | 8 1/2 |

# TABLE DES CHAPITRES

CONTENUS DANS CE VOLUME.

FIN DE LA TABLE.

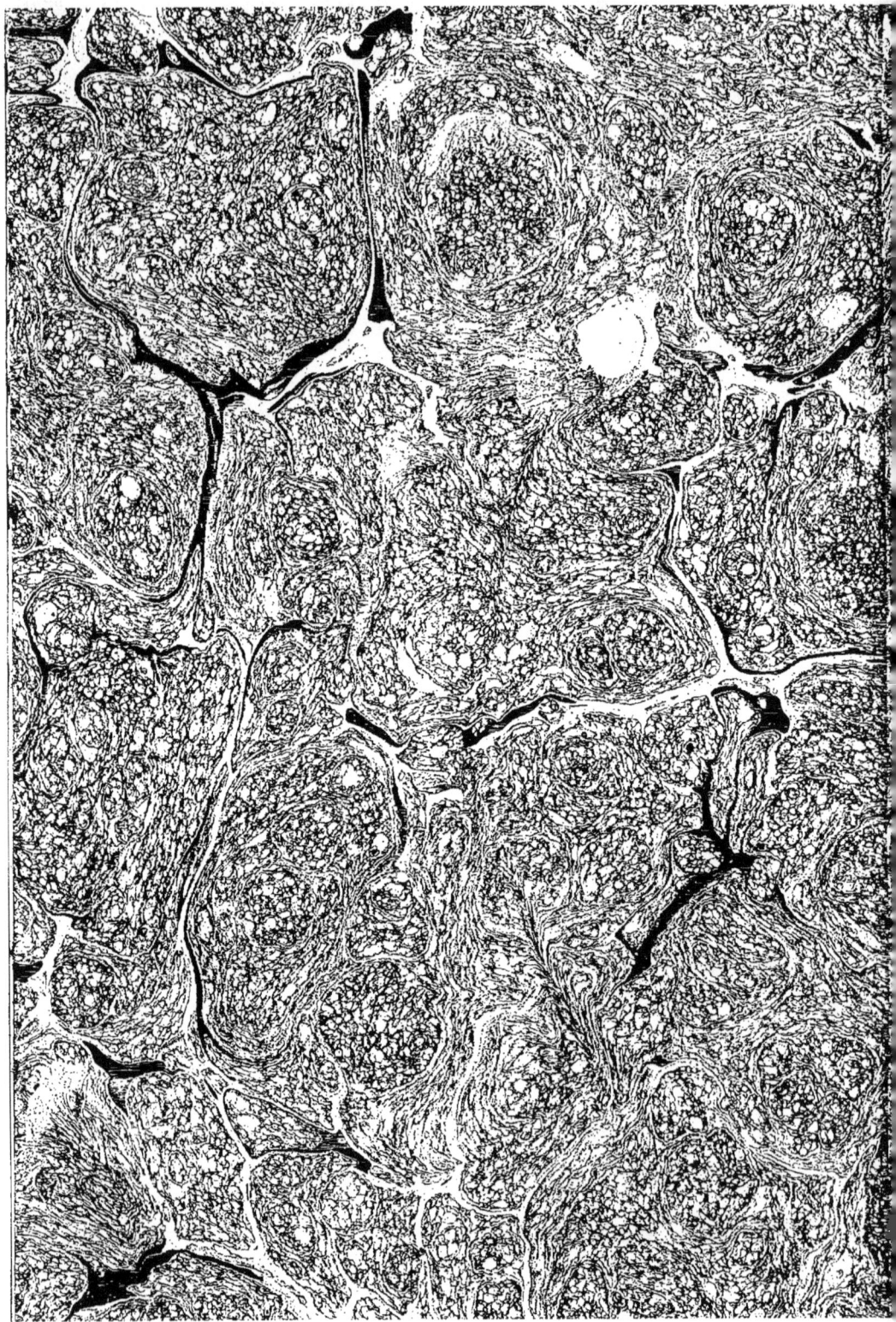

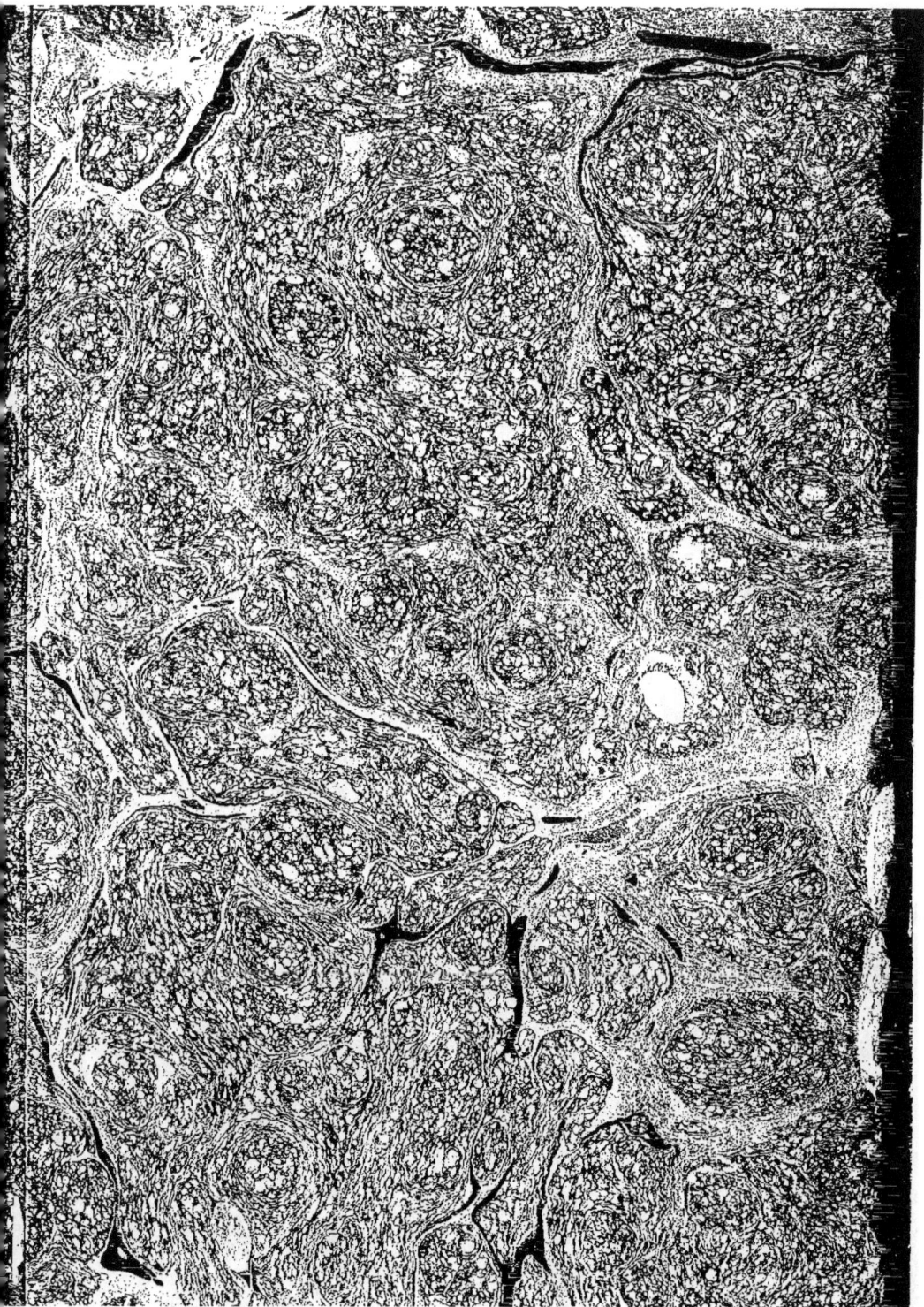

DESCRI
ROUTE
DE
A FR

www.ingramcontent.com/pod-product-compliance
Lightning Source LLC
Chambersburg PA
CBHW071935090426
42740CB00011B/1709